Liderando MUDANÇA

Consultor Editorial
Moises Swirski
Prof. Adjunto do Depto. de Administração da FEA/UFRJ
Diretor do PDG/Sociedade de Desenvolvimento Empresarial

Tradução
Follow-up
Traduções e Assessoria de Informática

John P. Kotter

Liderando MUDANÇA

18ª Edição

ELSEVIER

EDITORA CAMPUS

Do original:
Leading Change
Tradução autorizada do idioma inglês da edição publicada por Harvard Business School

Capa:
Isabella Perrotta

Copidesque:
Follow-Up

Editoração Eletrônica:
Futura Editoração Eletrônica

Revisão Gráfica:
Isabel Cristina Rodrigues

Projeto Gráfico
Elsevier Editora Ltda.
A Qualidade da Informação
Rua Sete de Setembro, 111 – 16º andar
20050-006 Rio de Janeiro RJ Brasil
Telefone: (21) 3970-9300 FAX (21) 2507-1991
E-mail: *info@elsevier.com.br*
Escritório São Paulo
Rua Quintana 753 – 8º andar
04596-011 – Brooklin – São Paulo – SP
Telefone: (11) 5105-8555

ISBN 13: 978-85-352-0193-2
ISBN 10: 85-352-0193-9
Edição original: ISBN 0-471-26867-4

Central de atendimento
Tel: 0800-265340
Rua Sete de Setembro, 111, 16º andar – Centro – Rio de Janeiro
e-mail: info@elsevier.com.br
site: www.campus.com.br

CIP-Brasil. Catalogação-na-fonte.
Sindicato Nacional dos Editores de Livros, RJ

K88L Kotter, John P., 1947–
Liderando mudança/John P. Kotter; tradução Follow-Up Traduções e Assessoria de Informática. – Rio de Janeiro: Elsevier, 1997 – 18ª reimpressão

Tradução de: Leading Change
ISBN 85-352-0193-9

1. Liderança. 2. Mudança organizacional. 3. Capacidade executiva. I. Título

97-0779 CDD 658.4092
CDU 65.012.41

O AUTOR

John P. Kotter é professor de Liderança Konosuke Matsushita na Harvard Business School e fundador e diretor da Kotter Associates, em Cambridge, Massachusetts. Graduado no MIT e em Harvard, faz parte da Harvard Business School desde 1972. Em 1980, aos trinta e três anos, recebeu o título de professor catedrático da escola, tornando-se um dos mais jovens da história de Harvard a receber tal honra.

O professor Kotter é o autor de *The General Managers* (1982), *Power and Influence: Beyond Formal Authority* (1985), *The Leadership Factor* (1987), *A Force for Change: How Leadership Differs from Management* (1990), *Corporate Culture and Performance* (com James L. Heskett, 1992) e *The New Rules: How to Succeed in Today's Post-Corporate World* (1995), todos *best-sellers* entre os livros de negócios nos Estados Unidos. Kotter também criou dois vídeos bastante elogiados dirigidos a executivos, *Leadership* (1991) e *Corporate Culture* (1993). Seus artigos na *Harvard Business Review*, nos últimos vinte anos, venderam cerca de um milhão de exemplares.

As várias honras recebidas pelo professor Kotter incluem um Exxon Award por Inovação em Projeto de Currículos de Cursos de Administração; um Johnson, Smith & Knisely Award por Novas Perspectivas de Liderança Empresarial; e um McKinsey Award pelo melhor artigo da *Harvard Business Review.*

O professor Kotter é um orador constante em reuniões de altos executivos no mundo inteiro.

APRESENTAÇÃO

Em 1994, escrevi um artigo para a *Harvard Business Review* intitulado "Leading Change: Why Transformation Efforts Fail."* Ele foi baseado em minha análise de dezenas de iniciativas tomadas nos quinze anos anteriores para produzir mudanças úteis e significativas nas empresas através de reestruturação, reengenharia, novas estratégias, aquisições, *downsizing*, programas da qualidade e renovação cultural. Mal eu estava terminando o artigo, já sabia que desejava escrever mais sobre o assunto, por isso comecei este livro pouco tempo depois.

O artigo foi publicado na edição de março-abril de 1995 da *HBR*. Quase imediatamente, ele passou para o primeiro lugar entre as milhares de edições vendidas pela revista, um fato surpreendente levando-se em consideração a qualidade de sua grande tiragem e o tempo considerável normalmente necessário para se montar uma nova edição. Acontecimentos improváveis como esse são sempre de difícil explicação, mas as conversas e a correspondência com os leitores da *HBR* mostraram que o artigo atingira duas importantes questões. Em primeiro lugar, os executivos leram a lista de erros que as organizações geralmente cometem ao tentarem promover uma verdadeira mudança e disseram *Sim!* É por isso que não atingimos o nosso objetivo. Em segundo lugar, os leitores acharam a estrutura em oito etapas da mudança esti-

*Ver o mesmo artigo de John P. Kotter "Como Liderar a Mudança: Por que os Esforços de Transformação Fracassam" em Champy, J. e Nohria, N. (org.), *Avanço Rápido*, Série Harvard Business Review Book (Campus, 1997).

mulante. Semelhante a um mapa, ela ajudou as pessoas a falarem a respeito da transformação e de seus problemas e estratégias.

Ao escrever este livro, tentei estruturá-lo em cima dessas duas qualidades e acrescentar algumas outras. Ao contrário do artigo, o livro traz uma série de exemplos do que parece funcionar ou não. Nesse sentido, ele se torna mais útil e prático. Consegui também ser mais explícito ao vincular a discussão ao mecanismo que conduz a mudança – a liderança – e ao mostrar como uma mentalidade puramente gerencial inevitavelmente falha, independente da qualidade das pessoas envolvidas. Finalmente, ampliei o espaço de tempo coberto, mostrando como os acontecimentos ao longo dos últimos cem anos nos trouxeram até aqui e analisando as implicações para o século XXI.

Aqueles que estiverem familiarizados com o meu trabalho verão que este volume integra e estende uma série de idéias publicadas originalmente em *A Force for Change: How Leadership Differs from Management*, *Corporate Culture and Performance* e *The New Rules: How to Succeed in Today's Post-Corporate World.* Embora o assunto deste livro seja uma extensão lógica do meu trabalho anterior, sua forma é uma novidade. Ao contrário dos meus livros anteriores, este não contém notas de rodapé ou de fim de capítulo. Tampouco utilizei exemplos ou grandes idéias de qualquer outra fonte publicada, a não ser as minhas, ou tentei citar dados apresentados em outras publicações para reforçar as minhas conclusões. Nesse sentido, este trabalho é mais pessoal do que qualquer outro que eu tenha publicado anteriormente. Aqui comunico o que vi, ouvi e concluí sobre uma série de assuntos inter-relacionados que parecem ser cada vez mais importantes.

Diversas pessoas leram o rascunho deste livro e contribuíram com sugestões úteis. Essas pessoas incluem Darrell Back, Mike Beer, Richard Boyatzis, Julie Bradford, Linda Burgess, Gerald Czarnecki, Nancy Dearman, Carol Franco, Alan Frohman, Steve Guengerich, Robert Johnson Jr., Carl Neu Jr., Charlie Newton, Barbara Roth, Len Schlesinger, Sam Schwab, Scott Snook, Pat Tod, Gayle Treadwell, Marjorie Williams e David Windom. Algumas outras pessoas ofereceram inspiração para o trabalho que fundamenta este livro, especialmente Ed Schein e Paul Lawrence. Meu obrigado a todos.

SUMÁRIO

PARTE I

Mudança: O Problema e a Solução

CAPÍTULO 1

Organizações em Transformação: Por que as Empresas Falham

De acordo com qualquer medida objetiva, a quantidade de mudança significativa e freqüentemente traumática nas organizações tem crescido substancialmente ao longo das duas últimas décadas. Embora algumas pessoas acreditem que a maioria dos projetos de reengenharia, mudanças de estratégia, fusões, *downsizing*, qualidade e renovação cultural irá desaparecer em breve, penso que isso é altamente improvável. Poderosas forças macroeconômicas funcionam aqui, podendo crescer mais ainda nas próximas décadas. Como resultado, cada vez mais organizações serão levadas a reduzir os custos, melhorar a qualidade de produtos e serviços, estabelecer novas oportunidades de crescimento e aumentar a produtividade.

Até agora, os principais esforços de mudança ajudaram algumas organizações a se adaptarem de forma significativa às condições de transformação, aprimoraram a posição competitiva de outras e prepararam algumas para um futuro melhor. Em muitas situações, porém, as melhorias foram decepcionantes e o quadro final aterrador, com recursos desperdiçados e funcionários dispensados, apreensivos ou frustrados.

De qualquer forma, o preço da mudança é inevitável. Sempre que comunidades humanas são forçadas a se ajustar a condições de reformulação, sempre enfrentam a dor. No entanto, uma boa quantidade da perda e angústia que testemunhamos na década passada *pode ser* evitada. Nós cometemos muitos erros, e os mais comuns são os que vêm a seguir.

Erro 1: Permitir Complacência Excessiva

Com certeza, o maior equívoco que as pessoas cometem ao tentar mudar as empresas é mergulhar no projeto sem estabelecer um alto senso de urgência nos gerentes e funcionários. Esse erro é fatal porque as transformações nunca atingem seus objetivos quando os níveis de complacência são altos.

Quando Adrien foi nomeado chefe da divisão de produtos químicos de uma grande corporação, ele vislumbrou no horizonte muitos problemas e oportunidades, a maioria dos quais resultava da globalização de seu setor. Como um executivo preparado e autoconfiante, ele trabalhou dia e noite para lançar diversas novas iniciativas para a criação de negócios e margens em um mercado altamente competitivo. Ele percebeu que poucas pessoas na empresa viam os perigos e possibilidades tão claramente quanto ele, mas achou que isso não era um problema insuperável. Eles poderiam ser estimulados, influenciados ou substituídos.

Dois anos depois de sua promoção, Adrien observava uma iniciativa após a outra afundar no mar da complacência. A despeito de seus incentivos e ameaças, a primeira fase da estratégia de seu novo produto demorou tanto tempo para ser implementada que as ações da concorrência compensaram qualquer benefício importante. Ele não conseguiu recursos da empresa suficientes para o seu grande projeto de reengenharia. Uma tentativa de reorganização foi silenciada por habilidosos obstrucionistas da equipe. Frustrado, Adrien abandonou o seu pessoal e partiu para uma firma bem menor, que já estava implementando com êxito muitas de suas idéias. Em seguida, em uma batalha sutil de mais dois anos, ele observou com incredulidade e horror como as pessoas em sua divisão com pouco senso de urgência não apenas ignoravam todas as intensas aulas da história recente da aquisição, como realmente reprimiam a capacidade da nova unidade de continuar a fazer o que vinha fazendo tão bem.

Pessoas inteligentes como Adrien falham ao criar a necessária urgência no início da transformação de uma empresa por muitas razões diferentes, porém inter-relacionadas. Elas superestimam o quanto podem impulsionar grandes mudanças em uma organização e subestimam a dificuldade de retirar as pessoas de suas áreas de conforto. Elas não reconhecem o quanto suas próprias ações podem inadvertidamente reforçar o *status quo*. Elas são impacientes com as ações preliminares, partindo o mais rápido possível para o projeto em si. Essas pessoas sentem-se paralisadas pelas possibilidades desvantajosas associadas à redução da complacência: pessoas na defensiva, pouca confiança e resultados inexistentes a curto prazo. *Ou*, ainda pior, elas confundem urgência com ansiedade e, deixando-se levar pela segunda, elas afundam as pessoas mais e mais em suas trincheiras e criam uma resistência ainda maior à mudança.

Se o nível de complacência fosse baixo na maioria das empresas hoje em dia, esse problema seria de pouca importância. Mas a verdade é exatamente o contrário. Muito sucesso passado, ausência de crises visíveis, baixos padrões de desempenho, *feedback* insuficiente de componentes externos significam: "Sim, nós temos problemas, mas eles não são tão terríveis e estou fazendo bem o meu trabalho", ou "Certo, nós temos grandes problemas e eles estão todos ali." Sem um senso de urgência, as pessoas não empreendem aquele esforço extra que geralmente é essencial. Elas não fazem os sacrifícios necessários e, em vez disso, aderem ao *status quo* e resistem às iniciativas dos superiores. Como conseqüência, a reengenharia vai por água abaixo, as novas estratégias deixam de ser implementadas corretamente, as aquisições não são assimiladas adequadamente, o *downsizing* nunca atinge aquelas despesas menos necessárias e programas da qualidade tornam-se mais uma conversa burocrática superficial do que uma verdadeira matéria empresarial.

Erro 2: Falhar na Criação de uma Coalizão Administrativa Forte

Dizem que uma grande mudança é impossível a menos que o presidente da empresa ofereça um apoio efetivo. O assunto tratado aqui vai além disso. Nas transformações bem-sucedidas, o presidente, o gerente geral da divisão ou o chefe de departamento e mais outras cinco, quinze ou cinqüenta pessoas empenhadas em melhorar o desempenho trabalham em conjunto como uma equipe. Esse grupo raramente inclui todos os ocupantes dos cargos mais elevados, pois alguns deles simplesmente não darão o seu aval, pelo menos a princípio. Contudo, na maioria dos casos de sucesso, a coalizão é sempre forte – em termos de títulos formais, informações e experiência, reputações, relações e capacidade de liderança. Indivíduos isolados, independente de sua competência ou carisma, nunca possuem as qualidades necessárias para vencer a tradição e a inércia, exceto em organizações bem pequenas. Normalmente, as comissões fracas são ainda menos eficazes.

Os projetos que não possuem uma coalizão administrativa forte podem apresentar um progresso aparente por um tempo. A estrutura organizacional poderia ser modificada, ou um trabalho de reengenharia seria iniciado. Porém, mais cedo ou mais tarde, as forças contrárias prejudicam essas iniciativas. Na batalha de bastidores entre um único executivo ou uma comissão fraca e a tradição, interesses pessoais de curto prazo, ou algo parecido, esses últimos quase sempre vencem. Tais projetos impedem que a mudança estrutural produza mudanças de comportamento necessárias, destroem a reengenharia através da resistência passiva por parte de funcionários e gerentes e transformam programas da qualidade em fontes de mais burocracia ao invés de satisfação do cliente.

Como diretora de recursos humanos de um grande banco com sede nos Estados Unidos, Claire estava consciente de que sua autoridade era limitada e de que ela não estava em uma boa posição para liderar iniciativas fora do departamento de pessoal. No entanto, com uma crescente frustração quanto à incapacidade de sua empresa de responder às novas pressões da concorrência exceto por meio de demissões, ela aceitou presidir uma força-tarefa de "melhoria da qualidade". Os dois anos seguintes seriam os menos satisfatórios de toda a sua carreira.

A força-tarefa não incluiu nem mesmo um dos três gerentes de linhas-chave da empresa. Após encontrar grande dificuldade para programar a primeira reunião – alguns membros da comissão diziam estar excepcionalmente ocupados – ela soube que estava em apuros. E nada melhorou muito depois disso. A força-tarefa tornou-se uma caricatura de todas as comissões ruins: lenta, política e desagradável. A maior parte do trabalho foi feita por um pequeno e dedicado subgrupo. No entanto, outros membros da comissão e os gerentes de linhas-chave manifestaram pouco interesse ou compreensão das atividades desse grupo, e quase nenhuma das recomendações foi implementada. A força-tarefa sobreviveu por dezoito meses e depois caiu no esquecimento.

A falha aqui está normalmente associada à subestimação das dificuldades de produção da mudança e assim da importância de uma coalizão forte. Mesmo quando a complacência é relativamente baixa, as empresas com um histórico pequeno de transformação ou trabalho em equipe geralmente desvalorizam a necessidade de tal equipe ou supõem que ela pode ser conduzida por um executivo do quadro de recursos humanos, qualidade ou planejamento estratégico, ao invés de um gerente de linha-chave. Independente da capacidade ou dedicação do chefe da equipe, as coalizões administrativas sem uma liderança forte parecem nunca alcançar o poder necessário para vencer o que freqüentemente são fontes maciças de inércia.

Erro 3: Subestimar o Poder da Visão

A urgência e uma equipe administrativa forte são condições necessárias porém insuficientes para uma grande mudança. Dos elementos restantes que estão sempre presentes em transformações bem-sucedidas, nenhum é mais importante do que uma visão sensata.

A visão exerce uma função importante na produção de uma mudança útil ao ajudar a dirigir, alinhar e inspirar ações por parte de um grande número de pessoas. Sem uma visão correta, um esforço de transformação pode ser facilmente dissolvido em uma lista de projetos confusos, incompatíveis e demorados, que levam à direção errada ou simplesmente a lugar nenhum. Sem uma visão precisa, o projeto de reengenharia do departamento de contabilidade, a nova avaliação total de desempenho do departamento de recursos humanos, o programa da qualidade da fábrica e o projeto de mudanças culturais no setor de vendas não representarão acréscimos significativos ou não irão encorajar a energia necessária para a implementação adequada de qualquer uma dessas iniciativas.

Sentindo a dificuldade na realização de mudanças, algumas pessoas tentam discretamente manipular os acontecimentos nos bastidores e intencionalmente evitam qualquer avaliação pública sobre a futura direção. Entretanto, sem uma visão que guie o processo decisório, toda escolha com a qual um funcionário se defrontar poderá transformar-se em um interminável debate. A menor das decisões pode gerar um caloroso conflito que esgota as energias e destrói a confiança. Opções táticas insignificantes podem dominar as avaliações e desperdiçar horas de tempo precioso.

Em muitas transformações fracassadas, você encontra planos e programas tentando fazer o papel da visão. Como todo-poderoso responsável pela qualidade de uma empresa de comunicações, Conrad gastou muito tempo e dinheiro produzindo grossos cadernos onde descrevia minuciosamente seu projeto de mudança. Esses livros explicavam procedimentos, metas, métodos e prazos. Em nenhum lugar, porém, havia uma instrução clara e encorajadora sobre aonde aquilo tudo levava. Foi pouco surpreendente que, ao distribuir centenas desses cadernos, ele se deparasse com a confusão ou alienação de seus funcionários. Esses livros grossos não os uniam nem os inspiravam para a mudança. Na verdade, eles podem ter surtido justamente o efeito contrário.

Em projetos de transformação mal sucedidos, a gerência algumas vezes realmente possui um sentido de direção, mas ele é complicado ou nebuloso demais para ter utilidade. Recentemente, pedi ao executivo de uma empresa de manufatura inglesa de médio porte que descrevesse sua visão e recebi como retorno um discurso de trinta minutos de difícil compreensão. Ele falou a respeito das aquisições que esperava fazer, de uma nova estratégia de marketing para um dos produtos, de sua definição de "cliente em primeiro lugar", dos planos para a contratação de um novo executivo de nível de diretoria, das razões do fechamento do escritório de Dallas e muito mais. Enterrados nisso tudo estavam os elementos básicos de uma direção coerente para o futuro; enterrados, profundamente enterrados.

Uma regra útil: sempre que você não puder descrever a visão que conduz uma iniciativa de mudança em cinco minutos ou menos e obter uma reação que signifique compreensão e interesse, você tem um problema.

Erro 4: Comunicar a Visão de Forma Ineficiente

Uma grande mudança é normalmente impossível a menos que a maioria dos funcionários deseje ajudar, geralmente até o ponto de fazer sacrifícios a curto prazo. No entanto, as pessoas não farão sacrifícios, ainda que estejam insatisfeitas com o *status quo*, a não ser que imaginem que os benefícios potenciais da mudança são atraentes e a menos que acreditem realmente que uma transformação é possível. Sem uma comunicação confiável, e em grande quantidade, os corações e mentes dos funcionários nunca serão conquistados.

Há três padrões comuns de comunicação ineficaz, todos guiados por hábitos desenvolvidos em momentos mais estáveis. No primeiro caso, um grupo desenvolve de fato uma visão muito boa da transformação e, em seguida, tenta promovê-la lançando mão de umas poucas reuniões ou enviando apenas alguns memorandos. Seus membros, tendo assim utilizado apenas a menor fração da comunicação anual interna da empresa, reagem com espanto quando as pessoas parecem não entender o novo método. No segundo padrão, o diretor da empresa gasta um tempo considerável fazendo discursos para grupos de funcionários, mas a maioria dos gerentes fica praticamente em silêncio. Aqui, a visão captura uma parcela maior da comunicação anual total do que no primeiro caso, porém o volume ainda é lamentavelmente inadequado. No terceiro padrão, há um trabalho maior de utilização de boletins e discursos, mas alguns indivíduos altamente perceptíveis ainda se comportam de maneira oposta à visão, e o resultado é que o ceticismo entre os grupos aumenta enquanto a confiança na nova mensagem diminui.

Um dos melhores executivos que conheço admite ter falhado aqui no início da década de 80. "Na época", diz ele, "era como se estivéssemos tendo muito trabalho na tentativa de comunicar nossas idéias. Mas, alguns anos mais tarde, pudemos ver que aquilo que alcançamos estava muito aquém do esperado. Pior ainda, algumas vezes nós tomamos decisões que outros achavam incoerentes com a nossa comunicação. Tenho certeza de que alguns funcionários acharam que éramos um bando de estúpidos."

A comunicação acontece tanto por meio de palavras como de ações. A última é geralmente a forma mais poderosa. Nada prejudica mais a mudança do que indivíduos importantes que se comportam de forma incoerente com a comunicação verbal. E isso é muito comum, até mesmo em algumas empresas bem conceituadas.

Erro 5: Permitir que Obstáculos Bloqueiem a Nova Visão

A implementação de uma grande mudança de qualquer tipo requer a ação de um grande número de pessoas. Novas iniciativas fracassam com muita freqüência quando os funcionários, ainda que apóiem a nova visão, sentem-se impotentes contra imensos obstáculos em seus caminhos. Em algumas ocasiões, esses obstáculos são apenas fruto da imaginação das pessoas, e o desafio é convencê-las de que não existem barreiras externas. Contudo, em muitos casos os bloqueios são bem reais.

Às vezes o obstáculo é a estrutura da empresa. Categorias de emprego reduzidas podem prejudicar os esforços para aumentar a produtividade e melhorar o atendimento ao cliente. Os sistemas de compensação ou avaliação do desempenho podem forçar as pessoas a optarem pela nova visão ou por seus interesses pessoais. Talvez o pior de tudo sejam os supervisores que não querem se adaptar a novas circunstâncias e que fazem exigências inconsistentes com a transformação.

Um obstáculo no lugar certo pode interromper todo um processo de mudança. Assim aconteceu com Ralph. Seus funcionários em uma grande empresa da área financeira o chamavam de "A Rocha", um apelido que ele preferiu interpretar sob um aspecto favorável. Ralph fingiu exaltar os esforços de uma grande mudança da sua empresa, mas não alterou o seu comportamento nem encorajou seus gerentes a mudar. Ele não correspondeu às idéias manifestadas na visão de mudança, e permitiu que os sistemas de recursos humanos permanecessem intactos mesmo quando eles estavam claramente inconsistentes com os novos ideais. Com essas ações, Ralph teria sido destrutivo em qualquer cargo gerencial. Acontece, porém, que ele não estava simplesmente em qualquer cargo gerencial; ele era o executivo número três de sua empresa.

Ralph agiu daquela forma porque não acreditava que sua empresa precisasse de grandes mudanças, e também por receio de não produzir a mudança nem os resultados operacionais esperados. Ele não foi punido por sua atitude porque a empresa não tinha um histórico de confrontação de problemas de pessoal entre executivos, porque algumas pessoas o temiam e também porque seu diretor-geral estava preocupado com a possível perda de um colaborador talentoso. O resultado foi um desastre. Os gerentes subordinados chegaram à conclusão de que a alta diretoria os havia enganado quanto ao seu compromisso com a transformação, o ceticismo cresceu e todo o trabalho foi por água abaixo.

Toda vez que pessoas inteligentes e bem-intencionadas evitam encarar os obstáculos, elas enfraquecem os funcionários e prejudicam a mudança.

Erro 6: Falhar na Criação de Vitórias a Curto Prazo

As verdadeiras transformações levam tempo. Esforços complexos voltados para estratégias de mudança ou reestruturação dos negócios correm o risco de perder o impulso se não houver metas a curto prazo para serem atingidas e comemoradas. A maioria das pessoas não acompanhará a longa batalha se dentro de seis a dezoito meses não encontrarem provas de que a jornada está produzindo os resultados esperados. Sem vitórias a curto prazo, muitos funcionários irão desistir ou resistir ativamente.

A criação de conquistas a curto prazo é diferente de esperar por elas. A última é passiva, ao passo que a primeira é ativa. Em uma transformação de sucesso, os administradores procuram ativamente maneiras de obter nítidas melhorias de desempenho, estabelecer metas no sistema de planejamento anual, alcançar esses objetivos e premiar as pessoas envolvidas com reconhecimento, promoções ou dinheiro. Nas iniciativas de mudança fracassadas, os esforços sistemáticos para garantir vitórias concretas dentro de seis a dezoito meses são muito menos comuns. Os administradores simplesmente presumem que as boas coisas irão acontecer, ou ficam tão seduzidos por uma visão grandiosa que não se preocupam com os acontecimentos a curto prazo.

Nelson era por natureza uma pessoa de "grandes idéias". Com a ajuda de dois colegas, ele desenvolveu uma idéia de como o seu grupo de controle de estoque (IC – Inventory Control) poderia usar novas tecnologias para reduzir radicalmente os custos de estoque, sem correr o risco de insuficiência de produtos. Os três gerentes empenharam-se na implementação de sua visão por um ano, e depois dois. Pelos seus próprios padrões, eles obtiveram um grande retorno: novos modelos de IC foram desenvolvidos, novo hardware foi comprado e novos softwares foram criados. Pelos padrões dos céticos, especialmente o controlador da divisão, o qual queria ver uma grande diminuição dos estoques ou algum outro benefício financeiro que compensasse os custos, os gerentes não produziram nada. Quando questionados, eles explicavam que as grandes mudanças exigiam tempo. O controlador aceitou esse argumento por dois anos e depois cancelou o projeto.

As pessoas geralmente reclamam de serem forçadas a obter vitórias a curto prazo, mas, nas circunstâncias corretas, esse tipo de pressão pode ser um elemento útil em um processo de mudança. Quando se torna evidente que os programas da qualidade ou projetos de transformação cultural serão demorados, os níveis de urgência geralmente caem. Os compromissos com a obtenção de vitórias rápidas podem ajudar a manter a complacência baixa e encorajar o pensamento analítico, que pode convenientemente esclarecer ou corrigir as visões da transformação.

No caso de Nelson, essa pressão poderia ter forçado algumas correções vantajosas financeiramente e acelerado implementações parciais dos novos métodos de controle de estoque. E, com algumas vitórias a curto prazo, esse projeto altamente vantajoso provavelmente teria sobrevivido e ajudado a empresa.

Erro 7: Declarar Vitória Prematuramente

Após alguns anos de muito trabalho, as pessoas podem se sentir tentadas a declarar a vitória do projeto de uma grande mudança com a primeira melhoria considerável no desempenho. Embora seja bom comemorar uma conquista, qualquer insinuação de que o trabalho esteja praticamente concluído é geralmente um erro terrível. Enquanto as mudanças não estiverem profundamente assimiladas, o que em uma empresa inteira pode levar de três a dez anos, os novos métodos estão frágeis e sujeitos a regressão.

Nos últimos anos, tenho observado que vários projetos de mudança giram em torno da reengenharia. Em todos os casos, exceto dois, a vitória foi declarada e os caros consultores foram pagos e liberados quando o primeiro grande projeto foi concluído, apesar da pouca ou quase nenhuma prova de que os objetivos originais foram alcançados ou de que os novos métodos estavam sendo aceitos pelos funcionários. Depois de alguns anos, as mudanças proveitosas que tinham sido introduzidas começaram lentamente a desaparecer. Em dois dos dez casos, hoje em dia é difícil encontrar qualquer traço do trabalho de reengenharia.

Recentemente, perguntei à diretora de uma empresa de consultoria em reengenharia se esses casos eram incomuns. Ela respondeu: "De modo algum, infelizmente. Para nós, é altamente frustrante trabalhar por alguns anos, realizar algo e, em seguida, ter o esforço interrompido prematuramente. Isso ainda acontece com muita freqüência. O conceito de tempo de muitas corporações é curto demais para terminar esse tipo de trabalho e estabilizá-lo."

Nas últimas décadas, tenho visto o mesmo tipo de coisa acontecer com projetos da qualidade, trabalhos de desenvolvimento de organizações e muito mais. Normalmente, os problemas começam no início do processo: o nível de urgência não é intenso o suficiente, a coalizão administrativa não é forte o bastante ou a visão não está muito clara. Contudo, a comemoração prematura da vitória interrompe o impulso e, em seguida, as poderosas forças ligadas à tradição assumem o controle da situação.

Ironicamente, uma combinação de idealistas iniciadores de transformações e opositores individualistas e resistentes à mudança freqüentemente cria o problema. Em seu entusiasmo ante um claro sinal de progresso, os iniciadores tomam atitudes extremas. A eles se juntam os opositores, que rapidamente encontram uma oportunidade de minar o projeto. Após a comemoração, os opositores apontam para a vitória como um sinal de que a guerra acabou e que as tropas devem se retirar. As tropas cansadas deixam-se convencer da vitória. Uma vez em casa, os soldados relutam em retornar ao *front*. Logo em seguida, a mudança é interrompida e tradições irrelevantes ressurgem.

Declarar vitória antes do tempo é como cair em um bueiro do caminho da mudança significativa. E, por diversas razões, mesmo pessoas inteligentes não apenas caem nesse buraco. Algumas vezes, elas pulam nele com os dois pés.

Erro 8: Negligenciar a Incorporação Sólida de Mudanças à Cultura Corporativa

Na análise final, a mudança é estabelecida somente quando ela se torna "a maneira de fazermos as coisas por aqui", quando ela penetra no sangue da unidade de trabalho ou corpo empresarial. Até os novos comportamentos se enraizarem nas normas sociais e valores comuns, eles estão sempre sujeitos à deterioração tão logo as pressões associadas ao processo de mudança sejam removidas.

Dois fatores são particularmente importantes na incorporação de novos métodos à cultura de uma empresa. O primeiro é uma tentativa consciente de mostrar às pessoas como determinados comportamentos e atitudes têm ajudado a melhorar o desempenho. Quando as pessoas são levadas a fazer as conexões por si mesmas, como freqüentemente acontece, elas podem facilmente criar ligações imprecisas. Uma vez que a mudança ocorreu quando a carismática Coleen era chefe de departamento, muitos funcionários vincularam as melhorias do desempenho ao seu estilo extravagante, ao invés da nova estratégia "o cliente em primeiro lugar" que tinha na verdade feito a diferença. Como conseqüência, a lição incorporada à cultura foi "Valorize Gerentes Extrovertidos" em vez de "Ame Teu Cliente."

A estabilização da mudança também requer que tempo suficiente seja usado para assegurar que a próxima geração administrativa irá realmente personificar o novo método. Se os critérios de promoção não forem reformulados, o que é outro erro comum, as transformações raramente irão durar. Uma decisão de sucessão incorreta no nível mais alto da organização pode prejudicar uma década de muito trabalho.

Decisões incorretas quanto a promoções em altos cargos das empresas acontecem quando os diretores não são parte integral do esforço de mudança. Em três situações que presenciei recentemente, os campeões da mudança eram executivos principais prestes a se aposentar. Embora seus sucessores não fossem opositores, eles também não eram líderes de mudanças. Como os diretores simplesmente não entendiam as transformações de forma detalhada, não poderiam perceber o problema relacionado à sua escolha de sucessores. O executivo prestes a se aposentar em um dos casos tentou sem sucesso indicar aos diretores um candidato menos preparado que melhor personificava os novos métodos de trabalho da empresa. Nos outros casos, os executivos não resistiram às escolhas da diretoria porque achavam que suas transformações não poderiam ser desfeitas. Todos eles, porém, estavam equivocados. Em apenas alguns anos, os sinais de renovação e fortalecimento das organizações começaram a desaparecer em todas as três empresas.

É aqui que pessoas inteligentes erram o alvo quando são insensíveis a questões culturais. Pessoas da área financeira economicamente orientadas e engenheiros de natureza analítica podem achar que normas e valores sociais estão muito fora de suas realidades. Sendo assim, eles ignoram a cultura – por sua conta e risco.

Os Oito Erros

Nenhum desses erros relacionados à mudança trariam tantos prejuízos em um mundo mais lento e menos competitivo. Lidar rapidamente com novas iniciativas não é um componente básico para o sucesso em ambientes estáveis ou do tipo cartel. O problema que nos aflige hoje em dia é que essa estabilidade não é mais a regra. A maioria dos especialistas concorda que, nas próximas décadas, o mundo dos negócios se tornará apenas mais instável.

Permitir que qualquer um dos oito erros se torne comum no projeto de transformação pode trazer sérias conseqüências (ver Figura 1.1). Reduzir a velocidade de novas iniciativas, criar uma resistência desnecessária, frustrar os funcionários interminavelmente e às vezes sufocar completamente as mudanças necessárias, em resumo, qualquer um desses erros poderia causar o fracasso de uma empresa em oferecer os produtos e serviços que as pessoas desejam a preços compatíveis. Em seguida, os orçamentos são reduzidos, pessoas são demitidas e aqueles que permanecem são submetidos a um grande estresse. O impacto sobre famílias e comunidades pode ser devastador. No momento em que

ERROS COMUNS

- Permitir complacência excessiva
- Falhar na criação de uma coalizão administrativa forte
- Subestimar o poder da visão
- Comunicar a visão de forma ineficiente
- Permitir que obstáculos bloqueiem a nova visão
- Falhar na criação de vitórias a curto prazo
- Declarar vitória prematuramente
- Negligenciar a incorporação sólida de mudanças à cultura corporativa

↓

CONSEQÜÊNCIAS

- As novas estratégias não são implementadas corretamente
- As aquisições não atingem os efeitos esperados
- A reengenharia é lenta e dispendiosa
- O *downsizing* não mantém os custos sob controle
- Os programas da qualidade não apresentam os resultados desejados

Figura 1.1
Oito Erros Comuns a Projetos de Mudança e Suas Conseqüências

escrevo isto, o fator de apreensão gerado por essa atividade perturbadora está atingindo até mesmo políticas presidenciais.

Esses erros não são inevitáveis. Com consciência e habilidade, eles podem ser evitados ou pelo menos atenuados. A chave está em entender por que as empresas resistem à mudança necessária, o que é exatamente o processo de vários estágios que pode vencer a inércia destrutiva e, principalmente, como a liderança necessária para conduzir esse processo de uma forma socialmente sadia significa mais do que um bom gerenciamento.

CAPÍTULO 2

A Mudança Bem-sucedida e Sua Força Motriz

As pessoas que passaram por esforços de mudança difíceis, dolorosos e não muito bem-sucedidos, geralmente acabam por tirar conclusões pessimistas e irritadas. Elas passam a suspeitar dos motivos dessa necessidade de transformação; preocupam-se com a impossibilidade de que essa importante mudança seja realizada sem mortos e feridos; temem que o chefe seja um monstro e que boa parte da gerência seja incompetente. Após assistir a dezenas de esforços para aperfeiçoar o desempenho organizacional através da reestruturação, reengenharia, programas da qualidade, fusões e aquisições, renovação cultural, *downsizing* e redirecionamento estratégico, cheguei a uma conclusão diferente. As evidências mostram que a maioria das empresas públicas e privadas pode se aperfeiçoar de forma significativa, a um custo aceitável, mas que freqüentemente cometemos enganos terríveis quando tentamos isso, pois a história simplesmente não nos preparou para os desafios de transformação.

A Globalização dos Mercados e a Concorrência

As pessoas da minha geração, ou mais velhas, não cresceram numa era em que a transformação era algo comum. Com menos concorrência global e um ambiente de transformações lentas em termos de negócios, a norma do passado consistia em estabilidade e o lema dominante era: "Se não quebrou, não mexa." A mudança ocorria de forma incremental e com pouca freqüência. Se você tivesse dito a um típico grupo de gerentes em 1960 que os executivos hoje, no período de um ano e meio a três anos, tentariam aumentar a produtividade em 20 a 50%, melhorar a qualidade em 30 a 100%, e reduzir os períodos de desenvolvimento de novos produtos em 30 a 80%, eles ririam de você. Essa magnitude de mudanças em tão curto período de tempo seria inaceitável em suas experiências pessoais.

Os desafios que enfrentamos agora são diferentes. Uma economia globalizada está gerando mais riscos e oportunidades para todos, forçando empresas a fazer melhorias notáveis não apenas para competir e prosperar, mas para simplesmente sobreviver. A globalização, por sua vez, está sendo impulsionada por um vasto e poderoso conjunto de forças associadas à mudança tecnológica, à integração econômica internacional, ao amadurecimento do mercado interno dentro dos países mais desenvolvidos e ao colapso do comunismo em todo o mundo. (Ver Figura 2.1.)

Ninguém está imune a essas forças. Mesmo as empresas com vendas restritas a pequenas regiões geográficas podem sentir o impacto da globalização. Às vezes, a rota de influência é indireta: a Toyota supera a GM, esta demite os funcionários, os funcionários com orçamentos apertados exigem serviços mais baratos da lavanderia a seco da esquina. Da mesma forma, as escolas, hospitais, instituições beneficentes e repartições públicas estão sendo forçados a tentar uma melhoria. O problema é que a maioria dos gerentes não tem histórico ou legado para orientá-los nisso.

Com base no registro de acompanhamento de muitas empresas ao longo das duas décadas passadas, algumas pessoas concluíram que as organizações simplesmente não são capazes de mudar muito e que nós

FONTE: De *The New Rules: How to Succeed in Today's Post-Corporate World*, de John P. Kotter. Copyright © 1995, por John P. Kotter. Adaptado com permissão da The Free Press, uma Divisão de Simon & Schuster.

Figura 2.1
Forças Econômicas e Sociais Impulsionando a Necessidade de uma Grande Mudança nas Organizações

devemos aprender a aceitar esse fato. No entanto, essa avaliação não deve ser considerada para nenhuma das surpreendentes histórias bem-sucedidas de transformação ocorridas ultimamente. Algumas organizações têm descoberto como fazer as novas estratégias, aquisições, reengenharias, programas da qualidade e reestruturação funcionarem maravilhosamente bem para elas. Essas empresas minimizaram os erros de mudança descritos no Capítulo 1. No processo, elas se safaram da falência ou saíram de um papel intermediário para se transformarem em líderes do setor, ou então conseguiram passar bem à frente de seus maiores rivais.

Um exame dessas histórias de sucesso revela dois padrões importantes. Primeiro, a mudança útil tende a ser associada a um processo de várias etapas que gera a força e motivação suficientes para anular todas as fontes da inércia. Segundo, esse processo nunca é empregado de forma eficaz, a não ser que seja impulsionado por uma liderança de alta qualidade, e não apenas por um excelente gerenciamento – um aspecto importante que virá diversas vezes à tona quando falarmos sobre a instituição de uma mudança organizacional significativa.

O Processo de Mudança em Oito Etapas

Todos os métodos usados nas transformações bem-sucedidas baseiam-se em um critério essencial: que a mudança fundamental não acontecerá facilmente por uma longa lista de razões. Mesmo que um observador de objetivos possa enxergar claramente que os custos são altos demais, ou que os produtos não são suficientemente bons, ou que as necessidades inconstantes dos clientes não estão sendo atendidas adequadamente, a mudança necessária ainda pode estagnar devido a culturas centradas nas necessidades internas, à burocracia paralisante, a políticas provincianas, a um baixo nível de confiança, à falta de trabalho em equipe, a atitudes arrogantes, à falta de liderança na gerência intermediária e ao medo que o homem tem do desconhecido. Para obter sucesso, um método projetado para alterar estratégias, fazer reengenharia de processos ou melhorar a qualidade deve lidar com essas barreiras, e muito bem.

Todos os diagramas tendem a simplificar excessivamente a realidade. Portanto, apresento a Figura 2.2 a seguir com alguma apreensão. Ela resume as etapas da produção de mudanças bem-sucedidas de qualquer magnitude nas organizações. O processo tem oito etapas, sendo cada

1 ESTABELECIMENTO DE UM SENSO DE URGÊNCIA
- Exame do mercado e das realidades dos concorrentes
- Identificação e discussão das crises, crises potenciais ou oportunidades fundamentais

↓

2 CRIAÇÃO DE UMA COALIZÃO ADMINISTRATIVA
- Formação de um grupo com autoridade suficiente para liderar a mudança
- Motivação do grupo para que trabalhe junto, como um time

↓

3 DESENVOLVIMENTO DE UMA VISÃO E ESTRATÉGIA
- Criação de uma visão para ajudar a direcionar o esforço de mudança
- Desenvolvimento de estratégias para concretizar essa visão

↓

4 COMUNICAÇÃO DA VISÃO DA MUDANÇA
- Uso de cada veículo possível para comunicar constantemente a nova visão e estratégias
- Fazer a função da coalizão administrativa modelar o comportamento esperado dos funcionários

↓

5 COMO INVESTIR DE *EMPOWERMENT* OS FUNCIONÁRIOS PARA AÇÕES ABRANGENTES
- Eliminação dos obstáculos
- Mudança de sistemas ou estruturas que minem a visão da mudança
- Encorajamento para correr riscos e usar idéias, atividades e ações não tradicionais

↓

6 REALIZAÇÃO DE CONQUISTAS A CURTO PRAZO
- Planejamento de melhorias visíveis no desempenho, ou "conquistas"
- Criação dessas conquistas
- Visível reconhecimento e recompensa do pessoal que tornou as conquistas possíveis

↓

7 CONSOLIDAÇÃO DE GANHOS E PRODUÇÃO DE MAIS MUDANÇAS
- Uso da maior credibilidade para mudar todos os sistemas, estruturas e políticas incompatíveis e que não se adequam à visão de transformação
- Contratação, promoção e desenvolvimento do pessoal que possa implementar a visão de mudança
- Revigoramento do processo com novos projetos, temas e agentes de mudança

↓

8 ESTABELECIMENTO DE NOVOS MÉTODOS NA CULTURA
- Criação de um melhor desempenho por meio de um comportamento voltado para o cliente e a produtividade, de uma liderança mais forte e melhor e de um gerenciamento mais eficaz
- Articulação das conexões entre os novos comportamentos e o sucesso organizacional
- Desenvolvimento de meios para garantir o desenvolvimento e sucessão da liderança

FONTE: Adaptado de John P. Kotter, "Why Transformation Efforts Fail", *Harvard Business Review* (março-abril de 1995): 61. Reimpresso com autorização.

Figura 2.2

O Processo em Oito Etapas da Criação de uma Grande Mudança

uma delas associada a um dos oito erros fundamentais que minam os esforços de transformação. As etapas são: estabelecimento de um senso de urgência, criação de uma coalizão administrativa, desenvolvimento de uma visão e estratégia, comunicação da visão da mudança, como investir de *empowerment* os funcionários para ações abrangentes, realização de conquistas a curto prazo, consolidação de ganhos e produção de mais mudanças, e estabelecimento de novos métodos na cultura.

As quatro primeiras etapas do processo de transformação ajudam a descongelar um *status quo* inflexível. Se mudar fosse fácil, você não precisaria de todo esse esforço. As fases de cinco a sete apresentam muitas práticas novas. A última etapa estabelece as mudanças na cultura corporativa e auxilia a sua implementação.

As pessoas pressionadas a mostrarem resultados sempre tentarão pular fases – algumas vezes muitas delas – em um esforço de grande mudança. Um executivo inteligente e capacitado me contou recentemente que suas tentativas de reorganização estavam sendo bloqueadas pela maioria da sua equipe de gerenciamento. Nossa conversa, em resumo, foi esta:

– Seu pessoal acredita que o *status quo* é inaceitável? – perguntei. – Eles realmente têm um senso de urgência?

– Alguns, sim. Mas muitos, provavelmente, não.

– Quem está estimulando essa mudança?

– Suponho que, na maioria das vezes, eu – ele reconheceu.

– Você tem uma visão estimulante do futuro e das estratégias que lhes permitirão atingir essa meta e ajudarão a explicar por que essa reorganização é necessária?

– Acho que sim – ele disse – embora não esteja certo da clareza delas.

– Você já tentou fazer um resumo das visões e estratégias em algumas folhas de papel?

– Na verdade, não.

– Seus gerentes compreendem essa visão e acreditam nessa visão?

– Acho que três ou quatro pessoas-chave estão de acordo – disse, reconhecendo em seguida – mas não ficaria surpreso se muitos outros não compreendessem o conceito ou não acreditassem inteiramente nele.

No sistema de linguagem do modelo ilustrado na Figura 2.2, esse executivo passou logo para a fase 5 do processo de transformação, com sua idéia de reorganização. Mas, como ele pulou a maior parte das etapas anteriores, encontrou um muro de resistência. Se ele tivesse impingido a nova estrutura ao pessoal – o que poderia ter feito – eles teriam encontrado um milhão de formas inteligentes para minar os tipos de mudanças comportamentais desejadas pelo executivo. Ele sabia disso; assim, ficou em uma posição onde não tinha como reagir. Essa história não é incomum.

As pessoas freqüentemente tentam transformar as organizações empreendendo apenas as etapas 5, 6 e 7, especialmente se parecer que uma única decisão – reorganizar, fazer uma aquisição ou demitir pessoas – mudará mais do que o necessário. Ou, então, as pessoas percorrem as etapas sem ao menos concluir a tarefa. Ou não conseguem reforçar as etapas anteriores no decorrer do processo e, conseqüentemente, o senso de urgência se dissipa ou a coalizão administrativa se rompe. A verdade é que, ao negligenciar qualquer das atividades preparatórias, de aquecimento (etapas de 1 a 4), você dificilmente estabelecerá uma base sólida o suficiente para dar continuidade ao processo. E sem a atividade complementar da etapa 8, você nunca atingirá a linha de chegada, não conseguindo, portanto, implementar as mudanças.

A Importância da Seqüência

A mudança bem-sucedida de qualquer magnitude passa por todas as oito etapas, geralmente na seqüência mostrada na Figura 2.2. Embora ocorram normalmente várias fases ao mesmo tempo, ignorar uma única etapa ou adiantar-se demais sem ter uma base sólida quase sempre gera problemas.

Recentemente, pedi aos doze funcionários de cúpula da divisão de uma grande fábrica que avaliassem em que ponto do seu processo de mudança estavam. Eles consideraram ter concluído 80% da etapa 1, 40% da etapa 2, 70% da etapa 3, 60% da etapa 4, 40% da etapa 5, 10% da etapa 6 e 5% das etapas 7 e 8. Também disseram que seu progresso, que tinha ido bem por um ano e meio, estava agora ficando lento, deixando-os cada vez mais frustrados. Perguntei-lhes o que pensavam ser a origem do problema. Após muita discussão, eles lembraram do "escritório central da firma". Elementos-chave da empresa, inclusive o executivo principal, não participavam o suficiente da coalizão administrativa, o motivo pelo qual os doze funcionários da divisão acreditavam que apenas 40% do trabalho da etapa 2 havia sido concluído. Como princípios de ordem mais elevada não tinham sido decididos, eles concluíram ser quase impossível estabelecer as estratégias mais detalhadas na etapa 3. A comunicação da visão (etapa 4) estava sendo prejudicada, acreditavam os doze integrantes da divisão, por mensagens da empresa que os funcionários interpretavam como inconsistentes com a nova orientação. Da mesma forma, os esforços de *empowerment* (etapa 5) estavam sendo sabotados. Sem uma visão mais clara, era difícil objetivar conquistas confiáveis a curto prazo (etapa 6). Dando continuidade ao processo e não enfrentando suficientemente o problema da etapa 2, eles tiveram a ilusão momentânea de progresso. Mas sem a base sólida, todo o esforço começou a se mostrar vacilante.

Normalmente, as pessoas pulam etapas por se sentirem pressionadas a produzir. Elas também inventam novas seqüências porque alguma lógica aparentemente razoável determina tal escolha. Depois que se saem bem na fase de urgência (etapa 1), todos os esforços de mudança acabam por funcionar em várias fases ao mesmo tempo; no entanto, iniciar a ação em qualquer ordem que não seja a especificada na Figura 2.2 dificilmente funciona bem. Esse processo não é criado e desenvolvido de forma natural. Ele parece ser artificial, forçado ou mecânico; não gera o estímulo necessário para superar as poderosas fontes de inércia.

Projetos Dentro de Projetos

A maioria das iniciativas de grande mudança é composta por vários projetos menores que também tendem a passar pelo processo de várias etapas. Assim, em qualquer momento, você pode estar na metade do esforço geral, ter concluído algumas das partes menores e estar apenas iniciando outros projetos. O resultado líquido disso é comparado a rodas dentro de rodas.

Um exemplo típico é o de uma empresa de telecomunicações de médio a grande porte: o esforço geral, projetado para aumentar significativamente a posição competitiva da empresa, levou seis anos para ser concluído. Lá pelo terceiro ano, a transformação estava centrada nas etapas 5, 6 e 7. Um projeto de reengenharia relativamente pequeno estava quase chegando ao fim da etapa 8. Uma reestruturação das equipes da empresa tinha acabado de começar, tendo a maior parte do esforço centrado nas etapas 1 e 2. Um programa da qualidade estava em andamento, mas fora do cronograma, enquanto algumas pequenas iniciativas finais ainda não tinham sido postas em prática. Os primeiros resultados se evidenciaram em seis a doze meses, mas o resultado maior só se evidenciou quase no final do esforço geral.

Quando uma organização passa por uma crise, o primeiro projeto de mudança, dentro de um processo de transformação maior, freqüentemente consiste em um esforço de evitar a quebra da empresa ou de mudar a situação com uma reviravolta. Por seis a doze meses, as pessoas executam ações decisivas para interromper o fluxo de caixa negativo e manter a organização funcionando. O segundo projeto de mudança deve estar associado a uma nova estratégia ou reengenharia. Isso pode ser seguido de uma mudança estrutural e cultural significativa. Cada um desses esforços atravessa todas as oito etapas da seqüência de mudança, e cada um tem uma função a desempenhar no processo de transformação geral.

Já que estamos falando de várias etapas e projetos, o resultado final freqüentemente é complexo, dinâmico, confuso e assustador. No início, aqueles que tentam gerar uma mudança significativa com processos simples, lineares e analíticos quase sempre falham. Não que a análise seja inútil. Uma reflexão cuidadosa é sempre essencial, no entanto, há muito mais elementos envolvidos aqui do que (a) a coleta de dados, (b) identificação de opções, (c) análise e (d) escolha.

P: Então, o que levaria uma pessoa inteligente a confiar demais em processos simples, lineares e analíticos?

R: Isso acontece porque ela aprendeu a gerenciar, e não a liderar.

Gerenciamento *versus* Liderança

O gerenciamento é um conjunto de processos que podem manter um complicado sistema de pessoas e tecnologias funcionando satisfatoriamente. Os aspectos mais importantes do gerenciamento incluem planejamento, orçamento, organização, recrutamento de pessoal, controle e solução de problemas. A liderança é um conjunto de processos que cria organizações em primeiro lugar ou as adapta para modificar significativamente as circunstâncias. A liderança define como deverá ser o futuro, alinha o pessoal a essa visão e as inspira para a ação, apesar dos obstáculos (ver Figura 2.3).

Essa distinção é absolutamente crucial para nossos objetivos aqui: um olhar meticuloso nas Figuras 2.2 e 2.3 nos faz perceber que a transformação bem-sucedida consiste em 70 a 90% de liderança, e apenas em 10 a 30% de gerenciamento. Ainda por razões históricas, muitas organizações hoje em dia não têm muita liderança. E quase todos pensam que o problema aqui é o de mudança de *gerência*.

Na maior parte deste século, à medida que criamos, pela primeira vez na história da humanidade, milhares e milhares de grandes empresas, não tivemos gerentes bons o suficiente para manter toda essa burocracia funcionando. Por isso, tantas empresas e universidades desenvolveram programas na área gerencial, e centenas e milhares de pessoas foram encorajadas a aprender gerenciamento no trabalho. E aprenderam. Mas essas pessoas receberam poucos ensinamentos sobre liderança. Até certo ponto, o gerenciamento foi enfatizado por ser mais fácil de ensinar do que a liderança. No entanto, ainda mais do que isso, o gerenciamento era o compromisso principal na agenda do século XX, pois era o necessário. Para cada empresário ou homem de negócios que fosse um líder, precisávamos de centenas de gerentes para conduzir suas empresas em constante crescimento.

Infelizmente para nós hoje, essa ênfase no gerenciamento tem sido institucionalizada com freqüência nas culturas das empresas que desencorajam os funcionários a aprender como liderar. De forma irônica, o sucesso do passado é, geralmente, o ingrediente-chave para produzir esse resultado. A síndrome, como a tenho observado em

GERÊNCIA	LIDERANÇA
• **Planejamento e orçamento:** estabelecimento de etapas detalhadas e cronogramas para alcançar os resultados necessários e, em seguida, alocação dos recursos necessários para fazer a mudança acontecer • **Organização e recrutamento de pessoal:** estabelecimento de uma estrutura para executar os requisitos do plano, recrutamento de pessoal para essa estrutura, delegação de responsabilidades e autoridade para realizar o plano, fornecimento de políticas e procedimentos que ajudarão a orientar o pessoal e criação de métodos ou sistemas para monitorar a implementação • **Controle e solução de problemas:** monitoração de resultados, identificação de desvios do plano, e planejamento e organização para que esses problemas sejam resolvidos	• **Estabelecimento da orientação:** desenvolvimento de uma visão do futuro – freqüentemente num futuro distante – e de estratégias que produzirão as mudanças necessárias para se atingir essa visão • **Alinhamento de pessoal:** comunicação da direção a ser seguida, com palavras e ações, a todos aqueles cuja cooperação pode ser necessária, de modo a influenciar a criação de equipes e coalizões que compreendam a visão e estratégias e aceitem sua validade • **Motivação e inspiração:** injeção de ânimo nas pessoas para que elas superem as maiores barreiras políticas, burocráticas e de recursos opostas à mudança, satisfazendo as necessidades básicas, mas freqüentemente não-atendidas, dos seres humanos
↓	↓
• Produz um grau de previsibilidade e ordem, e tem o potencial para produzir de forma consistente os resultados a curto prazo esperados pelos vários acionistas (por exemplo, para os clientes, estar sempre no prazo; para os acionistas, estar dentro do orçamento)	• Os produtos mudam, geralmente em um nível surpreendente, e têm a capacidade de produzir mudanças extremamente úteis (por exemplo, novos produtos desejados pelos clientes, novas abordagens das relações de trabalho que ajudem a tornar a empresa mais competitiva)

FONTE: De *A Force for Change: How Leadership Differs from Management*, por John P. Kotter. Copyright © 1990, por John P. Kotter. Adaptado com autorização da The Free Press, uma Divisão de Simon & Schuster.

Figura 2.3
Gerenciamento *versus* Liderança

várias ocasiões, ocorre deste modo: o sucesso gera um certo grau de domínio de mercado, que, por sua vez, gera muito crescimento. Depois de um tempo, manter sob controle uma empresa em constante crescimento torna-se o principal desafio. Então, a atenção volta-se para dentro e as competências gerenciais são alimentadas. Com uma forte ênfase no gerenciamento e não na liderança, a burocracia e um enfoque interno dominam a situação. Mas, com o sucesso contínuo, resultado, na maior parte das vezes, do domínio de mercado, o problema geralmente permanece sem solução e uma arrogância pouco saudável começa a despontar. Assim, todas essas características tornam qualquer esforço de transformação muito mais difícil. (Ver Figura 2.4.)

Os gerentes arrogantes podem superestimar seu próprio desempenho atual e posição competitiva, escutar muito pouco e aprender num ritmo muito lento. Os funcionários voltados para as necessidades internas podem ter dificuldade em enxergar as verdadeiras forças que apresentam ameaças e oportunidades. As culturas burocráticas podem reprimir aqueles que desejam responder às condições mutáveis. E a falta de liderança não mantém nenhuma força dentro dessas empresas capaz de superar o problema.

A combinação de culturas que resistem à mudança e de gerentes que não foram ensinados a criá-la é fatal. Os erros descritos no Capítulo 1 são quase inevitáveis nessas condições. As fontes de complacência raramente são atacadas de forma adequada, pois a urgência não é problema daqueles que, durante toda a sua vida, foram ensinados a simplesmente manter o sistema atual funcionando como um relógio suíço. Uma coalizão administrativa forte o bastante, com liderança suficiente, não é criada por pessoas que aprenderam a pensar em termos de hierarquia e gerenciamento. As visões e estratégias não são formuladas por indivíduos que aprenderam apenas a lidar com planos e orçamentos. Tempo e energia suficientes nunca são investidos na comunicação de um novo senso de direção para pessoas suficientes – o que não é surpreendente levando-se em consideração uma história que simplesmente relega a último plano a entrega de relatórios diretos. Estruturas, sistemas, falta de treinamento ou supervisores permitem que funcionários dispostos a ajudar a implementar a visão sejam desautorizados a isso – previsível, já que a maioria dos gerentes não aprendeu quase nada sobre *empowerment*. A vitória é declarada cedo demais por pessoas que foram instruídas a pensar em tempo de ciclo do sistema: horas, dias ou semanas, e não anos. E as pessoas que foram ensinadas a pensar em termos de

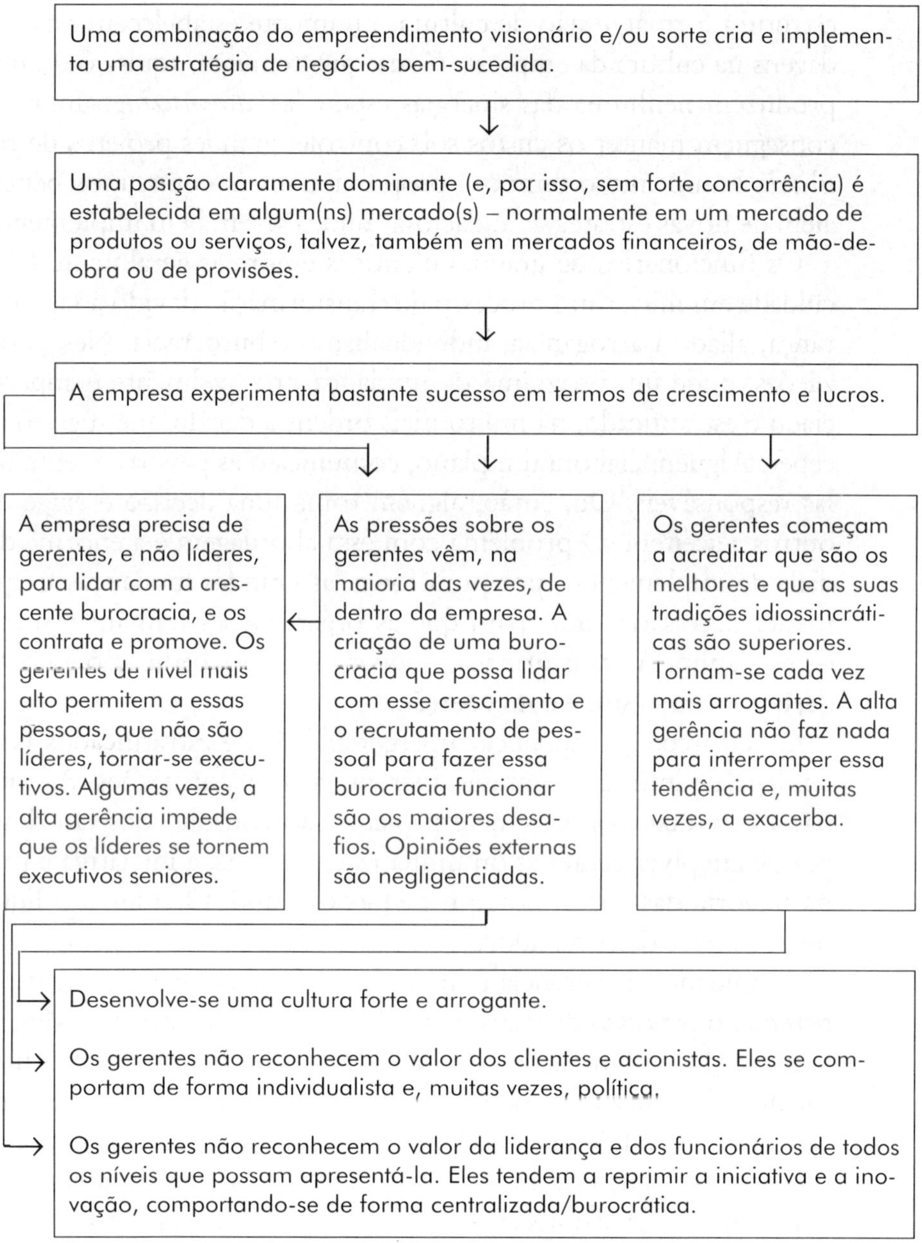

FONTE: De *Corporate Culture and Performance*, por John P. Kotter e James L. Heskett. Copyright © 1992, por Kotter Associates, Inc. e James L. Heskett. Adaptado com autorização da The Free Press, uma Divisão de Simon & Schuster.

Figura 2.4
A Criação de uma Cultura Empresarial Supergerenciada e Estratificada

estrutura formal, e não de cultura, raramente estabelecem novas abordagens na cultura da empresa. Conseqüentemente, aquisições caras não produzem nenhuma das sinergias esperadas, *downsizings* notáveis não conseguem manter os custos sob controle, grandes projetos de reengenharia levam muito tempo e proporcionam pouquíssimos benefícios, além de novas estratégias audaciosas nunca serem bem implementadas.

Os funcionários de grandes e antigas empresas geralmente têm dificuldade em iniciar um processo de transformação devido à falta de liderança, aliada à arrogância, individualismo e burocracia. Nessas organizações, onde um programa de mudança provavelmente é supergerenciado e estratificado, há muito mais ordens a dar do que sugestões a receber. Alguém elabora um plano, comunica-o às pessoas e tenta mantêlas responsáveis. Ou, então, alguém toma uma decisão e exige que os outros a aceitem. O problema com essa abordagem é a enorme dificuldade de implementar, por pura força, as grandes mudanças freqüentemente necessárias hoje para que as organizações tenham um melhor desempenho. A transformação requer sacrifício, dedicação e criatividade, e nada disso surge com coerção.

Os esforços de mudança supergerenciados e estratificados também tendem a eliminar a confusão inerente às transformações. As oito etapas são reduzidas a três. Sete projetos são consolidados em dois. Em vez de envolver centenas ou milhares de pessoas, a iniciativa é tomada, na maioria das vezes, por um pequeno grupo. O resultado líquido é quase sempre desapontador.

A mudança de gerência é importante. Sem um gerenciamento competente, o processo de transformação pode se descontrolar. Mas, para a maioria das organizações, o maior desafio é liderar a mudança. Somente a liderança pode destruir as muitas fontes de inércia da organização. Somente a liderança pode motivar as ações necessárias para alterar o comportamento de modo significativo. Somente a liderança pode fazer a mudança acontecer, fixando suas raízes na verdadeira cultura de uma organização.

Como você verá nos próximos capítulos, essa liderança freqüentemente começa com apenas uma ou duas pessoas. Em todas as organizações, exceto nas menores, esse número precisa crescer cada vez mais no decorrer do tempo. A solução para o problema da mudança não é um indivíduo todo-poderoso que cative milhares de pessoas para que sejam seus seguidores obedientes. As empresas modernas são complexas demais para serem transformadas por um único gigante. Várias pessoas precisam contribuir com a tarefa de liderança, não tentando imitar as inclinações de Winston Churchill ou de Martin Luther King Jr., mas participando modestamente do programa de liderança em suas esferas de atividade.

O Futuro

O problema da mudança dentro das organizações se tornaria menos preocupante se o ambiente de negócios se estabilizasse logo ou, pelo menos, diminuísse o ritmo. Mas, a evidência mais confiável sugere o oposto: que a taxa de transformação do ambiente crescerá e as pressões sobre as organizações para que se transformem aumentará nas próximas décadas. Se esse for o caso, a única solução racional será aprender mais sobre o que gera uma mudança bem-sucedida e passar esse conhecimento para grupos de pessoas cada vez maiores.

Com o que observei ao longo das duas últimas décadas, ajudar os indivíduos a compreender melhor as transformações envolve dois componentes, ambos serão abordados de forma mais detalhada no decorrer deste livro. O primeiro componente tem a ver com as várias etapas do processo de múltiplos estágios. Muitos de nós ainda têm bastante a aprender sobre o que funciona e o que não funciona, qual é a seqüência natural dos eventos, e onde está a dificuldade até mesmo das pessoas muito capazes. O segundo componente está associado à força motriz que impulsiona o processo: liderança, liderança e ainda mais liderança.

Se pensa sinceramente que você e outras pessoas importantes da empresa já conhecem mais do que o necessário para produzir a mudança e, portanto, estão logicamente imaginando por que perderiam tempo com a leitura do restante deste livro, deixe-me sugerir que considere o seguinte. O que você pensa que encontraríamos se pesquisássemos todos os documentos produzidos em sua empresa no último ano em busca das duas frases: “mudança de gerência” e “mudança de liderança”? Observaríamos memorandos, atas de reuniões, boletins informativos, relatórios anuais, relatórios de projetos, planos formais, etc. Em seguida, transformaríamos os números em porcentagens – X por cento das referências são para "mudança de gerência" e Y por cento para "mudança de liderança".

É claro que os resultados desse exercício poderiam não passar de semântica vazia. No entanto, uma vez mais, talvez eles pudessem refletir de maneira precisa o pensamento da sua organização no que diz respeito à mudança. E, talvez, isso tenha algo a ver com a rapidez com que você melhora a qualidade dos produtos ou serviços, aumenta a produtividade, diminui os custos e implementa inovações.

PARTE

II

O Processo de Oito Etapas

CAPÍTULO 3

Estabelecimento de um Senso de Urgência

Pergunte a qualquer pessoa acima de trinta anos sobre a dificuldade de gerar uma grande mudança em uma organização, e a resposta provavelmente será o equivalente a "muito, muito difícil". Muitos de nós ainda não conseguiram. Usamos as palavras corretas, mas no fundo subestimamos a enormidade da tarefa, especialmente a primeira etapa: estabelecer um senso de urgência.

Quer seja recuperando uma empresa que esteja em sérias dificuldades, transformando um concorrente médio em líder de setor ou impulsionando ainda mais um líder, o trabalho requer grande cooperação, iniciativa e disposição para o sacrifício por parte de muitas pessoas. Em uma organização com 100 funcionários, pelo menos vinte deles devem ir além de seus encargos normais para produzir uma mudança significativa. Em uma empresa com 100.000 funcionários, o mesmo deve ser solicitado a 15.000 ou mais.

Estabelecer um senso de urgência é crucial para se obter a cooperação necessária. Com um alto nível de complacência, as transformações normalmente não chegam a lugar algum, pois poucas pessoas estão igualmente interessadas em trabalhar na questão da mudança. Com um nível baixo de urgência, é difícil reunir um grupo com poder e credibilidade suficientes para conduzir o esforço ou convencer indivíduos-chave a empregar o tempo necessário para criar e comunicar uma visão de mudança. Nas raras circunstâncias em que há um grupo comprometido e cercado de complacência, seus integrantes podem estar aptos a identificar a direção geral para a mudança, a se reorganizarem e fazer cortes nos quadros de pessoal. Se esses executivos dirigirem uma empresa, poderão até mesmo fazer uma aquisição e empregá-la em novos sistemas de compensação. No entanto, mais cedo ou mais tarde, não importa o quanto eles pressionem ou ameacem, se várias outras pessoas não compartilharem o mesmo senso de urgência, o impulso para a mudança provavelmente se extinguirá antes do tempo. As pessoas encontrarão milhares de modos engenhosos para negar cooperação a um processo que elas realmente acham ser desnecessário ou equivocado.

Um Exemplo de Complacência

Nos últimos anos, uma importante empresa farmacêutica mundial vem enfrentando mais desafios do que o normal. Nem o crescimento das vendas nem do lucro líquido correspondeu às esperanças ou expectativas anteriores. A empresa vem obtendo má repercussão na imprensa, principalmente após uma demissão que custou caro, desgastando sua reputação. As ações não estão mais valorizadas hoje do que há seis anos. As reclamações com relação aos seus produtos aumentaram, se comparadas às da metade da década de 80; além disso, um importante cliente passou a desaprovar cada vez mais os produtos. Alguns investidores institucionais têm ameaçado se desfazer de boa parte de suas quotas, uma atitude que poderia fazer cair ainda mais o preço da ação em 5 a 10%. A empresa tem um passado de orgulho, de grandes conquistas, que torna a situação atual bastante desanimadora.

Como a empresa está travando uma batalha com a concorrência acirrada, seria esperado encontrar em sua sede cenas típicas de um filme sobre a Segunda Guerra Mundial, com salas de guerra, generais gritando ordens a cada dois minutos, milhares de tropas vinte e quatro horas em alerta e ataques arriscados direcionados ao inimigo. Mas, uma visita à empresa não mostrará nada do gênero. Não há salas de guerra aparentes. Os generais parecem dar ordens a uma velocidade que faz o beisebol parecer um esporte de ritmo rápido. Várias pessoas não mostram nenhum sinal de estar em alerta sequer por oito horas, quanto mais por vinte e quatro. Há pouca sensação de rivalidade ou de que a concorrência está sufocando a empresa. Não existe uma atenção voltada para uma missão necessária. Os ataques aos rivais são freqüentemente feitos com revólveres de ar comprimido. Uma artilharia mais pesada com armas mais perigosas é almejada internamente: operários para gerentes, gerentes para operários, vendas para a fábrica, *ad nauseam*.

Em conversas individuais com funcionários, todos admitem imediatamente que há problemas. Em seguida, vêm os "mas". No entanto, todo o setor está passando por esses problemas. Mas nós estamos, na verdade, fazendo algum progresso. Mas o problema não está aqui, está naquele departamento. No entanto, não há mais nada que eu possa fazer, por causa do meu chefe estúpido.

Participe de uma típica reunião gerencial na empresa e você começará a imaginar se todos os dados que coletou sobre impostos, rendimentos, preço das ações, reclamações dos clientes, situação da concorrência e reputação podem estar errados. Nessas reuniões, raramente é feita uma referência a quaisquer índices de desempenho inaceitáveis. O ritmo é sempre calmo. As questões discutidas podem ser de pouca importância. O nível de energia raramente é alto. Os debates só ficam quentes quando um gerente tenta tomar recursos do outro ou pôr a culpa em outro setor. E o mais inacreditável é que volta e meia você ouve alguém fazer um discurso sincero sobre como as coisas estão indo bem.

Após dois dias na empresa, você começa a querer saber se está participando de um episódio de "Além da Imaginação".

Nessa empresa impregnada de complacência, as iniciativas de mudança estão natimortas. Em uma reunião, alguém sugere que longos ciclos de desenvolvimento de novos produtos estão prejudicando cada vez mais a empresa, mas dentro de vinte minutos o debate passa para outro assunto e não se toma providência alguma para encurtar os períodos de desenvolvimento. Outra pessoa oferece uma nova abordagem para a tecnologia da informação; entretanto, não demora muito e o grupo de tecnologia da informação e seu sistema ultrapassado já estão sendo elogiados.

Mesmo quando o executivo principal lança uma idéia de mudança, a sugestão tende a desaparecer na areia movediça da complacência.

Se você pensa que essa história é descabida, pois nada comparado a isso acontece na sua organização, sugiro decididamente que você preste mais atenção nela. Essas condições podem ser encontradas em quase todo lugar. O departamento de crédito é um desastre, ainda que não apresente indícios da existência de um único problema sequer. A subsidiária francesa é uma reviravolta, ainda que a administração dessa filial pareça perfeitamente satisfeita com a situação atual.

Perdi as contas do número de vezes que ouvi um executivo declarar que todas as pessoas da sua equipe gerencial reconhecem a necessidade de uma grande mudança, e acabei por descobrir mais tarde que metade daquela "equipe" pensa que o *status quo* não vai tão mal assim. Em público, eles repetem a linha do chefe. Em particular, ouço uma história diferente. "Quando a recessão terminar, ficaremos numa boa." "Assim que os programas de contenção de despesa do ano anterior se iniciarem, os números subirão." E, é claro: "Os maiores problemas estão em outro setor; o meu departamento está ótimo."

P: Qual é o grau desse tipo de complacência?
R: Enorme.

Fontes de Complacência

P: Então, por que as pessoas se comportam dessa forma?
R: Por muitas e muitas e muitas razões.

Quando mostro a estudantes de Administração de vinte e cinco anos uma empresa em dificuldades, onde novamente a complacência é alta, eles geralmente falam dessa empresa como se ela estivesse sendo administrada por um grupo de pessoas com um QI médio de quarenta. O diagnóstico é implícito: se a empresa enfrenta dificuldades apesar de a urgência ser pouca, então a gerência deve ser formada por um bando de idiotas. Qual é a sugestão deles? Demita-os e contrate-nos.

O diagnóstico dos estudantes de Administração, ligando inaptidão à complacência, não se ajusta bem às minhas experiências. Em determinadas ocasiões, tenho percebido um baixo senso de urgência surgir inadequadamente entre pessoas bastante inteligentes e bem intencionadas. Ainda posso lembrar nitidamente de estar em uma reunião entre dezenas de gerentes seniores de uma empresa européia, bem abaixo do desempenho, e de ouvir um debate intelectual que poderia ser adequado em Harvard. E por que não? Várias das pessoas que estavam sentadas à mesa naquele dia tinham diplomas das melhores escolas do mundo. Infelizmente, tanto a análise dos erros alegados do concorrente como a discussão bastante abstrata da "estratégia" evitavam enfrentar os problemas-chave da empresa. Previsivelmente, nenhuma decisão maior foi tomada ao final da reunião, uma vez que não se pode tomar decisões importantes sem tratar das questões reais. Tenho certeza de que as pessoas sensatas que estavam presentes não saíram muito satisfeitas daquela reunião. Elas não eram tolas. Mas acharam a reunião aceitável porque, em uma escala de urgência de 0 a 100, a taxa média entre esses executivos certamente estava abaixo de 50.

Pelo menos nove razões ajudam a explicar esse tipo de complacência (ver Figura 3.1). Primeiro, não havia nenhuma crise fortemente visível. A empresa não estava perdendo dinheiro. Não existia a ameaça de uma demissão em massa. A bancarrota não estava em pauta. A polícia não estava batendo à porta. A imprensa não estava publicando manchetes depreciativas sobre a empresa. Como um analista racional, você poderia argumentar que a empresa estava em crise devido à constante diminuição das margens e fatias de mercado, mas esse é um outro tipo de questão. O ponto aqui é: os funcionários não percebiam nenhuma ameaça forte, um dos motivos pelos quais seu senso de urgência era baixo.

Segundo, aquela reunião estava acontecendo em uma sala que cheirava a "Sucesso". A mesa de mogno antigo, de quase dez metros, poderia ter sido negociada igualmente por três Audi e um Buick novos. A parede, o carpete de lã e a decoração geral eram tão bonitos quanto caros. Toda a sede da empresa, especialmente a área executiva, era do mesmo modo: mármore, madeiras nobres, carpetes espessos e pinturas a óleo em abundância. A mensagem subliminar era clara: nós somos ricos, somos vencedores, devemos estar fazendo algo certo. Então relaxe. Almoce.

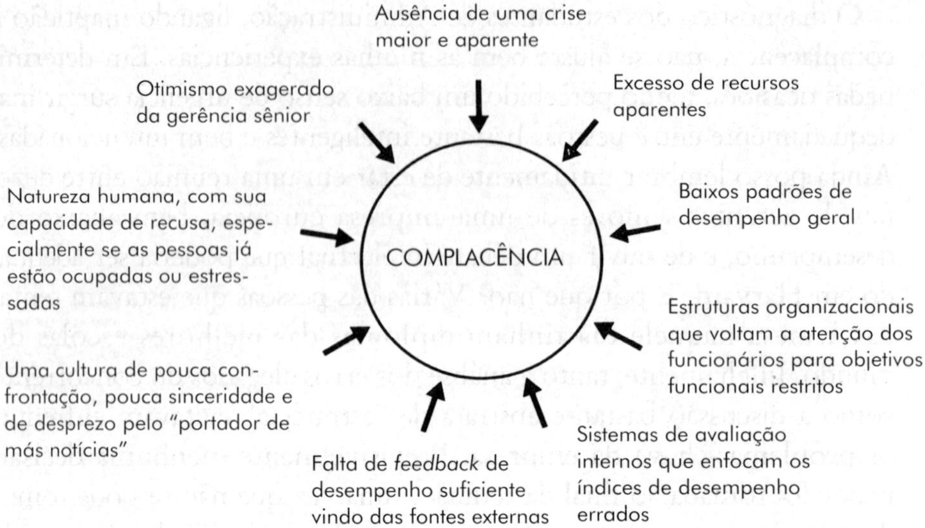

Figura 3.1
Fontes de Complacência

Terceiro, os padrões usados por esses gerentes para se avaliarem eram mais do que altos. Percorrendo aquela empresa, se ouvi uma vez, ouvi dez vezes: "Os lucros estão 10% acima em relação ao último ano." O que não foi dito é que os lucros estavam 30% abaixo em relação aos cinco anos anteriores, enquanto os lucros de todo o setor estavam 20% maior do que há um ano.

Quarto, a estrutura organizacional voltava a atenção da maioria das pessoas para metas funcionais restritas, em vez de ampliar o desempenho dos negócios. O marketing possuía seus índices, a produção tinha uma tendência diferente, o setor de pessoal, outra. Apenas o executivo principal era o responsável pelas vendas gerais, lucro líquido e retorno da participação acionária. Assim, quando a maioria das medições básicas do desempenho da empresa estava em declínio, quase ninguém se sentia responsável.

Quinto, os vários sistemas de planejamento e controle internos eram manipulados para facilitar a todos a obtenção de suas metas funcionais. O pessoal do departamento de marketing da empresa me contou que atingiu 94% dos seus objetivos no ano anterior. Uma meta típica:

"Lançar uma nova campanha publicitária no dia 15 de junho." O aumento da fatia de mercado em qualquer uma das linhas de produtos da empresa não foi considerado um objetivo apropriado.

Sexto, qualquer *feedback* de desempenho recebido pelas pessoas vinha quase que inteiramente desses sistemas internos falhos. Os dados fornecidos por pessoas de fora raramente chegavam às outras pessoas. O gerente ou funcionário de nível médio poderia trabalhar por um mês e nunca se defrontar com um cliente insatisfeito, um acionista indignado ou um fornecedor frustrado. Provavelmente, algumas pessoas poderiam trabalhar desde o primeiro dia até a aposentadoria e nunca ouvir diretamente nenhuma pessoa de fora que esteja envolvida no negócio.

Sétimo, quando jovens funcionários empreendedores saíam de sua rotina para coletar *feedback* externo de desempenho, geralmente eram tratados como doentes contagiosos. Nessa cultura corporativa, tal comportamento era visto como inadequado porque poderia prejudicar alguém, reduzir o moral ou provocar argumentos (ou seja, debates honestos).

Oitavo, a complacência era sustentada pela tendência genuinamente humana de não aceitar aquilo que não queremos ouvir. Normalmente, a vida é mais agradável sem problemas e mais difícil com eles. A maioria de nós, grande parte das vezes, pensa ter desafios suficientes para se manter ocupada. Não estamos procurando mais trabalho. Então, quando surge a evidência de um grande problema, se pudermos nos esquivar e ignorar o fato, freqüentemente o fazemos.

Nono, aqueles que relativamente não foram afetados pelas fontes de complacência 1 a 8, preocupando-se assim com o futuro da empresa, foram tranqüilizados por um falso senso de segurança gerado pelo otimismo exagerado da alta gerência. "Com certeza, nós temos desafios, mas veja tudo o que nós conseguimos." As pessoas que viveram na década de 60 se lembrarão de um exemplo aterrador disso: os vários relatórios de como os Estados Unidos estavam ganhando a guerra do Vietnã. Embora, às vezes, o otimismo exagerado não seja sincero, freqüentemente é produto de uma cultura arrogante que, por sua vez, resulta de um sucesso anterior.

Boa parte do problema aqui está relacionado às vitórias históricas – da empresa como um todo, dos departamentos e dos indivíduos. O sucesso anterior proporciona muitos recursos, reduz nosso senso de urgência e nos encoraja a uma certa vaidade. Para os indivíduos, ele cria um problema de ego; para as empresas, um problema cultural. Egos exagerados e culturas arrogantes reforçam as nove fontes de complacência, que, reunidas, podem manter a taxa de urgência em um nível baixo, mesmo em uma organização que enfrenta grandes desafios e seja gerenciada por pessoas perfeitamente inteligentes e sensatas.

Penso geralmente termos a presunção de que, se ao menos os outros indivíduos fossem mais parecidos conosco – empreendedores fortes e alertas – a complacência não seria um problema. Ou pensamos que as pessoas são, na sua maioria, muito inteligentes; logo, tudo o que se tem a fazer é fornecer-lhes os dados sobre a baixa qualidade do produto, os resultados financeiros em declínio ou a falta de crescimento da produtividade. Em ambos os casos, subestimamos as forças sutis e sistêmicas que existem em quase todas as organizações. Uma boa regra prática em um esforço de grande mudança é: *nunca subestime a grandeza das forças que dão mais vigor à complacência e ajudam a manter o* status quo.

Aumento do Senso de Urgência

Aumentar o senso de urgência requer que você remova as fontes de complacência ou minimize o impacto delas: por exemplo, eliminar tais sinais de excesso em uma grande empresa aérea; definir padrões mais elevados tanto formalmente no processo de planejamento quanto informalmente na interação diária; mudar os sistemas de avaliação interna que enfocam índices incorretos; aumentar consideravelmente o *feedback* externo de desempenho obtido por todos; recompensar as opiniões honestas emitidas nas reuniões e as pessoas dispostas a enfrentar problemas; refrear o otimismo sem fundamento das pessoas que ocupam os cargos mais altos.

Ao se depararem com uma empresa que requer renovação, todos os gerentes competentes agem de uma dessas formas. Mas, geralmente não vão muito adiante. Um painel de clientes é levado à reunião anual da gerência, mas não há jeito de se voltar a atenção para as reclamações dos clientes semanal ou diariamente. A reunião anual da gerência poderia ser realizada em um local menos luxuoso, mas os executivos continuam se reunindo em escritórios que agradariam até mesmo a Luís XIV. Uma ou duas discussões relativamente francas dos problemas são desencadeadas no nível da comissão executiva, mas o informativo da empresa é repleto de notícias otimistas.

A criação de um forte senso de urgência normalmente requer ações ousadas ou até mesmo arriscadas, que normalmente são associadas a uma boa liderança. Algumas atividades simples, como o painel de clientes na reunião anual da gerência, normalmente falham em face das forças poderosas que impulsionam a complacência. *Ousadia* significa limpar o balancete e gerar uma grande perda para o trimestre. Ou vender a sede da empresa e se mudar para um prédio que se assemelhe mais a um quartel-general. Ou informar a todos os seus colegas que eles têm dois anos para se tornar os primeiros ou segundos em seus mercados, sob pena de venda ou fechamento da empresa. Ou estabelecer 50% de remuneração para os dez funcionários da cúpula, com base em objetivos consistentes de qualidade de produção para toda a empresa. Ou contratar consultores para coletar informações honestas e promover o debate delas nas reuniões, mesmo sabendo que essa estratégia incomodará fortemente algumas pessoas. (Ver Figura 3.2, para saber quais são os nove meios básicos de se estimular um senso de urgência.)

Não vemos esse tipo de ousadia com muita freqüência porque as pessoas que vivem em culturas supergerenciadas e estratificadas geralmente aprendem que tais ações não são sensatas. Se esses executivos estivessem associados a alguma empresa por um longo período, também temeriam ser culpados pela criação dos problemas que enfocam. Não é uma coincidência que as transformações geralmente se iniciem quando uma nova pessoa é colocada em uma função chave, alguém que não tenha de preservar ações passadas.

Para as pessoas acostumadas a uma cultura gerencial onde ter tudo sob controle é o valor principal, implementar etapas que estimulem o nível de urgência pode ser particularmente difícil. Ações ousadas que reduzem a complacência tendem a aumentar os conflitos e gerar ansiedade, pelo menos inicialmente. Autênticos líderes partem para a ação porque acreditam que as forças fora de controle podem ser direcionadas para a obtenção de finalidades importantes. Mas, para alguém que

1. Gerar uma crise permitindo uma perda financeira, expondo os gerentes a uma fragilidade maior diante dos concorrentes, ou permitindo que os erros venham à tona, em vez de corrigi-los no último minuto.
2. Eliminar exemplos óbvios de excesso (por exemplo, instalações de clubes de lazer custeados pela empresa, uma vasta frota aérea, salas de refeição com cardápio executivo).
3. Estabelecer objetivos tão ambiciosos para os impostos, rendimentos, produtividade, satisfação dos clientes e ciclo de vida dos produtos de modo que eles não possam ser atingidos se a forma de condução dos negócios continuar a mesma.
4. Cessar a avaliação do desempenho de subunidades com base apenas em metas funcionais restritas. Insistir para que mais pessoas continuem responsáveis por medidas mais amplas de desempenho.
5. Enviar mais dados sobre a satisfação dos clientes e o desempenho financeiro a mais funcionários, especialmente informações que demonstrem a fragilidade diante da concorrência.
6. Insistir para que as pessoas conversem regularmente com clientes insatisfeitos e acionistas desapontados.
7. Usar consultores e outros meios para forçar a obtenção de dados mais relevantes e debates honestos nas reuniões da gerência.
8. Incluir nos informativos da empresa e pronunciamentos da gerência sênior debates mais honestos sobre os problemas da organização. Refrear o otimismo exagerado da gerência sênior.
9. Bombardear as pessoas com informações sobre oportunidades futuras, sobre as notáveis recompensas pela capitalização dessas oportunidades e a incapacidade atual da organização em persegui-las.

Figura 3.2
Formas de Estimular o Nível de Urgência

foi recompensado durante trinta ou quarenta anos por ser um gerente cauteloso, as iniciativas para um aumento dos níveis de urgência geralmente parecem arriscadas demais ou apenas pura tolice.

Se a alta gerência é composta apenas por gerentes cautelosos, ninguém elevará a taxa de urgência o suficiente e nunca ocorrerá uma transformação importante. Nesses casos, o conselho de diretores tem a responsabilidade de encontrar líderes e colocá-los em funções-chave. Se eles se esquivarem dessa responsabilidade, como fazem algumas vezes, estarão fracassando em exercer a função essencial do conselho.

O Papel das Crises

Crises aparentes podem ser de enorme ajuda para chamar a atenção das pessoas e aumentar os níveis de urgência. Conduzir os negócios da forma usual é muito difícil se a empresa parece estar se incendiando. Mas, em um mundo de rápidas transformações, esperar que o fogo se alastre é uma estratégia duvidosa. E, além de chamar a atenção das pessoas, um incêndio repentino pode causar uma série de danos.

Como as crises econômicas são tão aparentes, geralmente se considera uma grande mudança impossível até que os problemas de uma organização tornem-se sérios o suficiente para gerar perdas significativas. Embora essa conclusão possa ser verdadeira nos casos em que há necessidade de uma enorme e difícil transformação, acredito que ela se aplique precariamente à maioria das situações que requerem mudança.

Tenho observado as pessoas iniciarem, com sucesso, reestruturações ou esforços de qualidade durante períodos em que suas empresas estavam obtendo recordes de lucro. Elas faziam isso bombardeando incansavelmente os funcionários com informações sobre problemas (alta de lucros, mas redução da fatia ae mercado), problemas potenciais (um novo concorrente demonstra estar se tornando mais competitivo) ou oportunidades potenciais (através da tecnologia ou novos mercados). Elas faziam isso definindo metas imensamente ambiciosas e que rompiam o *status quo*, liquidando agressivamente os sinais de excesso, otimismo exagerado, sistemas de informações ilusórios e outros. Chamar a atenção das pessoas em épocas de sucesso não é fácil, mas é possível.

Um grande empresário japonês normalmente refreava a complacência de seus gerentes, apesar dos ganhos recordes, definindo exorbitantes metas que levariam cincos anos para serem atingidas. Somente quando as pessoas começavam a se mostrar presunçosas pelas suas várias realizações, ele dizia algo como: "Devemos estabelecer o objetivo de duplicar nossos rendimentos dentro de quatro anos." Por sua credibilidade, seus funcionários não podiam ignorar esses pronunciamentos. Como ele nunca estabelecia metas impossíveis, mas pensava cuidadosamente até que ponto os objetivos seriam viáveis – levando-se em consideração os esforços inspirados – suas idéias sempre eram passíveis de defesa. E, ao defendê-las, ele unia esses objetivos aos valores básicos com os quais seus gerentes se identificavam. O resultado líquido: suas metas de cinco anos tornavam-se pequenas bombas que, periodicamente, explodiam bolsões de complacência.

Autênticos líderes geralmente geram esse tipo de crise artificial, em vez de esperar que algo aconteça. Harry, por exemplo, em vez de discutir os planos de seus gerentes, como costumava fazer, decidiu aceitar projeções de rendimentos e custos que ele sabia ser pouco realistas. O salto resultante de 30% no rendimento esperado chamou a atenção de todos. Da mesma forma, Helen aceitou o que ela acreditava ser promessas irreais sobre o lançamento de um importante produto e permitiu que tudo estourasse repentinamente — uma ação que não deve ser seguida por pessoas de coração frágil. Resultado: os negócios sem perspectiva de mudança não podem continuar.

Algumas crises artificiais baseiam-se em grandes perdas financeiras para "acordar" as pessoas. O executivo principal de uma empresa famosa limpou o balancete, foi responsável por uma série de iniciativas novas e gerou uma perda de aproximadamente um bilhão de dólares no processo. Mas, essa era uma situação pouco comum. O executivo tinha um contrato a longo prazo e a empresa estava bem financeiramente.

O problema das grandes crises financeiras, quer sejam naturais ou forçadas, é que elas freqüentemente esgotam os escassos recursos da empresa, deixando poucas oportunidades para reação. Após perder um bilhão ou dois, você geralmente pode chamar a atenção das pessoas, mas acaba tendo bem menos capital para financiar novas iniciativas. Mesmo que as transformações se iniciem mais facilmente com uma crise financeira natural, dada a escolha, é bem mais inteligente não esperar que aconteça uma. É melhor você mesmo criar o problema. Melhor ainda, se possível, é ajudar as pessoas a enxergar as oportunidades ou a crise da situação sem induzir, a perdas incapacitantes.

O Papel dos Gerentes de Níveis Hierárquicos Médio e Inferior

Se o objetivo da mudança é uma fábrica, escritório de vendas ou departamento na base da pirâmide de uma grande empresa, os indivíduos-chave serão os gerentes encarregados daquela unidade. Eles precisarão reduzir a complacência e aumentar a urgência. Pre-cisarão criar uma coalizão de mudança, desenvolver uma visão orientadora, vender essa visão aos outros, etc. Se tiverem autonomia suficiente, poderão fazer isso com freqüência, independente do que estiver acontecendo no resto da empresa. *Se* eles tiverem autonomia suficiente.

Sem autonomia suficiente em uma empresa onde a complacência é predominante (uma situação comum hoje em dia), um esforço de mudança em uma unidade pequena pode estar condenado desde o início. Mais cedo ou mais tarde, as forças mais poderosas da inércia intervirão, não importando o que os agentes de mudança na escala inferior da hierarquia gerencial estejam fazendo. Nessas circunstâncias, ir adiante com um esforço de transformação poderá ser um erro terrível. Quando as pessoas percebem esse fato, geralmente pen-sam ter apenas uma alternativa: sentar-se e esperar que alguém do escalão superior passe a liderar. Assim, não fazem nada e, no processo, reforçam as mais poderosas forças da inércia que tanto as aborrecem.

Como detêm o poder, os executivos seniores normalmente são os indivíduos-chave na redução das forças da inércia. Mas nem sempre. Ocasionalmente, uma alma corajosa e competente do nível médio ou inferior da hierarquia é o instrumento criador das condições que podem sustentar uma transformação.

Meu exemplo preferido é o de uma gerente de nível médio de uma grande empresa de serviços relacionados a viagens, que, praticamente sozinha, enfrentou a gerência superior com dados sobre a posição competitiva cada vez mais frágil da empresa. Ela usou um procedimento não-rotineiro – colocar um produto em um novo canal de distribuição – como desculpa para contratar consultores. Com o encorajamento velado dessa gerente, os consultores afirmaram basicamente que a empresa nunca seria capaz de usar o novo canal de forma bem-sucedida, a não ser que ela solucionasse primeiro meia dúzia de problemas fundamentais. Os colegas dessa gerente se esquivaram quando viram os resultados desse trabalho, mas ela foi adiante. Como tinha astúcia política, dobrava-se à maioria das críticas criadas pela rejeição e a raiva em relação aos consultores. Ela tinha a capacidade espantosa de dizer frases como: "Isso realmente me surpreendeu. Os consultores forjaram isso ou realmente há algo importante aqui?"; "Não posso acreditar que tenham enviado o relatório a todas essas pessoas. Não autorizamos isso"; "Você acredita nisso? Gerry e Alice acreditam. Três de vocês alguma vez já falaram sobre essas questões?"

Se cada membro da gerência sênior for um gerente cauteloso, comprometido com o *status quo*, uma revolução corajosa surgida no escalão inferior nunca terá êxito. Mas, eu nunca vi uma empresa em que toda a gerência fosse contra a mudança. Mesmo nos piores casos, 20 a 30% parecem ter consciência de que a empresa não está oferecendo todo o seu potencial, querem fazer alguma coisa, mas sentem-se bloqueados. As iniciativas da média gerência podem dar a essas pessoas a oportunidade de atacar a complacência sem serem vistas como uma equipe sem recursos ou um bando de desordeiros.

Para as pessoas pertencentes à gerência de nível médio e que não conseguem encontrar uma forma de ajudar a aumentar o nível de urgência em uma empresa que precisa mudar, mas em que a gerência sênior não está fornecendo a liderança necessária, uma decisão inteligente na carreira pode trazer alguma mudança. No ambiente econômico atual, as pessoas freqüentemente agarram-se a seus empregos, mesmo que as empresas onde trabalham não esteja progredindo. Essas pessoas estão convencidas de que, com todo o *downsizing*, elas têm sorte de terem um salário e assistência médica. Essa atitude é compreensível. Mas no mundo do século XXI, todos nós precisaremos aprender e crescer ao longo de nossas carreiras. Um dos muitos problemas das empresas complacentes é a severidade e o conservadorismo que dificultam o aprendizado.

Limitar-se a bater o ponto, receber o salário, aprender pouco e permitir que a taxa de urgência permaneça baixa é, na melhor das hipóteses, uma estratégia provinciana e de curto prazo. Essas estratégias raramente levam ao sucesso a longo prazo, e isso vale tanto para as empresas quanto para os funcionários.

Quanto de Urgência É Necessário?

Independentemente de como e por quem o processo é iniciado, a maioria das empresas encontra dificuldades em progredir muito nas fases de 2 a 4 de um esforço de grande mudança, a não ser que a maioria dos gerentes acredite honestamente que o *status quo* é inaceitável. Sustentar um esforço de transformação nas etapas 7 e 8 requer um compromisso ainda maior. A maioria dos funcionários, talvez 75% de toda a gerência e praticamente todos os executivos da cúpula, precisa acreditar que uma mudança considerável é absolutamente essencial.

Como uma mobilização inicial é possível com baixos níveis de urgência e o ataque à complacência pode gerar ansiedade, você pode se sentir tentado a pular a etapa 1 e iniciar o processo de transformação com um passo maior. Já vi pessoas começarem pela elaboração da coalizão de mudança, pela criação da visão de mudança, ou simplesmente pela implementação das mudanças (reorganização, demissão de pessoal ou aquisição). Mas os problemas da inércia e complacência sempre parecem atingi-las. Às vezes, elas agem violentamente, como acontece quando a falta de urgência torna impossível reunir uma equipe de liderança poderosa o bastante para conduzir as mudanças. Às vezes, as pessoas passam anos – talvez com um crescimento estimulante de aquisição e excitação – até que se evidencie a debilidade de várias iniciativas.

Mesmo quando as pessoas iniciam esforços de grandes mudanças com exercícios de redução da complacência, elas algumas vezes se convencem de que o trabalho foi feito, quando, na verdade, é necessário fazer mais ainda. Tenho visto indivíduos excepcionalmente capazes caírem nessa armadilha. Eles conversam com seus colegas executivos, que apenas reforçam suas idéias. "Todos nós estamos prontos para isso. Cada um sabe que a situação atual precisa ser modificada. Não há muita complacência aqui. Certo, Phil? Certo, Carol?" Eles prosseguem em um terreno instável e acabam se arrependendo disso.

Pessoas de fora podem ser úteis aqui. Pergunte a clientes, fornecedores ou acionistas bem informados qual é a opinião deles. A taxa de urgência é suficientemente alta? A complacência é suficientemente baixa? Não converse apenas com seus colegas que têm os mesmos incentivos que você para subestimar a realidade. E não faça essas perguntas apenas a alguns amigos que não pertencem à empresa. Converse com outros que a conheçam ou mesmo com pessoas que pareçam não ter uma visão favorável dela. E, o mais importante, *reúna coragem para ouvi-los com atenção.*

Se você fizer isso, descobrirá que algumas pessoas não são adequadamente bem informadas para oferecer um julgamento confiável e que outras têm interesses pessoais. Mas, você pode separar tudo isso do restante se conversar com um número suficiente de pessoas. A questão consiste em neutralizar a miopia interna com dados externos. Em um mundo de rápidas transformações, a miopia interna pode ser fatal.

CAPÍTULO 4

Criação de uma Coalizão Administrativa

Grandes transformações são, muitas vezes, associadas a um indivíduo todo-poderoso. Se considerarmos a reaparição da Chrysler após quase entrar em falência no início dos anos 80, pensaremos em Lee Iaccoca. Fale da ascensão da Wal-Mart, que era peixe miúdo e passou a líder de setor, e nos lembraremos de Sam Walton. Informe-se sobre os esforços de renovação da IBM e a história irá enfocar Lou Gerstner. Depois de algum tempo, qualquer pessoa poderia chegar facilmente à conclusão de que o tipo de liderança fundamental para qualquer mudança só pode ser oferecida por um único indivíduo memorável.

Essa é uma crença bastante perigosa.

Como é extremamente difícil realizar grandes transformações, torna-se necessária uma força vigorosa para sustentar o processo. Nenhum indivíduo isolado, nem mesmo um poderoso executivo principal, é capaz de desenvolver a visão correta, comunicá-la a um grande número de pessoas, eliminar todos os obstáculos-chave, possibilitar vitórias a curto prazo, liderar e gerenciar dezenas de projetos de mudança e, ainda, enraizar novas abordagens na cultura da organização. Comissões fracas são ainda piores. Uma coalizão administrativa forte sempre se faz necessária – uma coalizão com pessoas, nível de confiança e objetivos comuns adequados. A elaboração dessa equipe é sempre um ponto fundamental nas fases iniciais de qualquer esforço de reestruturação, reengenharia e reformulação de um conjunto de estratégias.

O Executivo Principal Isolado: Aquele que Faz Tudo Sozinho

A empresa alimentícia deste caso possuía, entre 1975 e 1990, um excelente registro de sua trajetória econômica. Depois disso, o setor se modificou e a empresa enfrentou sérias dificuldades.

O executivo principal era um indivíduo admirável. Tendo 20% de liderança, 40% de capacidade gerencial e o restante de genialidade financeira, ele havia dirigido sua empresa com muito sucesso, efetuando aquisições astutas e desfrutando de total controle sobre a organização. Com as mudanças no setor ocorridas no final da década de 80, ele tentou adaptar a sua empresa às novas condições. E ele o fez com o mesmo estilo que vinha adotando há quinze anos – ao estilo dos monarcas, com conselheiros.

"Rei" Henry possuía uma comissão executiva, mas tratava-se de um grupo de coleta/distribuição de informações, e não de um corpo de tomada de decisões. O verdadeiro trabalho era realizado fora das reuniões. Henry iria avaliar os problemas sozinho em sua sala. Depois, ele dividiria suas idéias com Charlotte e ouviria seus comentários. No almoço com Frank, Henry faria algumas perguntas. Mais tarde, jogando golfe com Ari, ele observaria a reação do amigo às suas idéias. Finalmente, o executivo principal tomaria a decisão sozinho. Em seguida, dependendo da natureza da decisão, ele a anunciaria em uma reunião com a comissão executiva ou, se o problema fosse mais delicado, Henry a informaria separadamente a cada elemento da equipe, em sua sala. Esses funcionários, por sua vez, repassariam as informações aos outros, conforme necessário.

Esse procedimento funcionou muito bem entre 1975 e 1990 por, no mínimo, quatro razões: (1) a velocidade da mudança nos mercados de Henry não era muito alta; (2) ele conhecia o setor muito bem; (3) sua empresa detinha uma posição tão forte que uma decisão atrasada ou errada não representava um risco tão grande e (4) Henry era um cara esperto.

Foi aí que o setor se modificou.

Durante quatro anos, até se aposentar em 1994, Henry tentou liderar um esforço de mudança usando o mesmo procedimento que lhe servira tão bem durante tanto tempo. Dessa vez, no entanto, a abordagem não funcionou, pois tanto a quantidade como a natureza das decisões tomadas eram diferentes em alguns aspectos importantes.

Antes de 1990, os problemas eram, em média, menores, menos complexos, menos emocionais e menos numerosos. Uma pessoa inteligente, lançando mão da abordagem de discussão individual, poderia tomar decisões corretas e implementá-las. Com o fluxo do setor e a necessidade de maiores mudanças dentro da empresa, os problemas tornaram-se repentinamente maiores e começaram a surgir num ritmo mais acelerado. Uma pessoa, mesmo alguém incrivelmente capacitado, não poderia mais controlar tão bem um fluxo de decisões como esse. As escolhas eram feitas e anunciadas de forma muito lenta, e sem uma compreensão completa dos problemas. Os funcionários eram chamados a fazer sacrifícios sem entender bem o porquê.

Após dois anos, evidências objetivas sugeriam que a abordagem de Henry não estava funcionando. Em vez de se modificar, ele se isolou mais e fez um esforço ainda maior. Após uma aquisição questionável e uma amarga suspensão, ele se aposentou com relutância (com algo mais do que um empurrãozinho da diretoria).

Tudo em Vão: A Comissão de Pouca Credibilidade

Provavelmente, já vi este segundo cenário algumas dezenas de vezes. O maior campeão da mudança é o executivo de recursos humanos, o diretor de qualidade ou o responsável pelo planejamento estratégico. Alguém convence o chefe a responsabilizar o diretor do *staff* por uma força-tarefa que inclua funcionários de vários departamentos e um ou dois consultores externos. O grupo pode incluir um líder promissor na organização, mas ele não possui os três ou quatro indivíduos principais da hierarquia executiva. E, dentre os quinze principais diretores, apenas dois ou quatro são membros.

Por ser chefiado por uma pessoa entusiasmada, a força-tarefa progride durante algum tempo. No entanto, todos os animais políticos que pertencem ou não a essa comissão logo descobrem que ela possui poucas chances de sucesso a longo prazo e, assim, limitam seu auxílio, envolvimento e comprometimento. Como todas as pessoas que pertencem à força-tarefa estão ocupadas e algumas não estão convencidas de que essa é a melhor forma de usarem seu tempo, torna-se impossível marcar uma quantidade suficiente de reuniões para fazer um diagnóstico dos problemas da empresa e estabelecer a confiança entre os membros do grupo. Mesmo assim, o líder da comissão recusa-se a desistir e luta por algum progresso visível, muitas vezes devido a um enorme senso de dedicação à empresa ou a seus funcionários.

Após algum tempo, o trabalho é feito por um subgrupo de três ou quatro – geralmente o chefe, um consultor e um idealista. Os membros restantes aceitam as idéias desse pequeno grupo, mas não contribuem muito nem se sentem comprometidos com o processo. Mais cedo ou mais tarde, o problema se evidencia: o grupo não consegue chegar a um acordo sobre as sugestões fundamentais quando as recomendações da comissão não encontram resposta ou quando a comissão tenta implementar uma idéia e encontra um muro de resistência passiva. Trabalhando arduamente, a comissão realiza algumas poucas contribuições, que surgem de forma lenta e gradual.

A avaliação *post-mortem* desse caso mostra que a força-tarefa nunca teve uma chance de se tornar uma equipe atuante, com pessoas eficientes que compartilhassem problemas, oportunidades e o comprometimento com a mudança. Desde o início, esse grupo nunca teve a credibilidade necessária para oferecer uma liderança forte. Sem essa credibilidade, você tem o equivalente a um caminhão de dezoito rodas que utiliza um motor de cortador de grama.

Enquanto isso, à medida que essa abordagem falha, a posição competitiva da empresa vai se enfraquecendo e o líder do setor vai se distanciando dos demais.

No Ritmo da Mudança: A Equipe

A questão central desses dois cenários é que nenhuma das empresas leva em consideração a velocidade do mercado e as mudanças tecnológicas. Em um mundo menos competitivo e mais lento, as comissões fracas podem auxiliar a adaptação das organizações em um ritmo aceitável. Uma comissão faz sugestões. Os gerentes de linhas-chave rejeitam a maioria das idéias. O grupo oferece sugestões adicionais. A linha se move mais alguns milímetros. A comissão tenta novamente. Quando a concorrência e as mudanças tecnológicas são limitadas, essa abordagem pode funcionar. Mas, em um mundo de transformações mais rápidas, a comissão fraca sempre falha.

Em um mundo lento, um chefe solitário pode implementar as mudanças necessárias após conversar com Charlotte, Frank, Ari e, em seguida, refletir sobre o que eles disseram. Ele pode consultá-los novamente para obter mais informações. Após tomar uma decisão, ele pode comunicá-la a Charlotte, Frank e Ari. O processamento das informações é seqüencial. Enquanto o chefe for capaz e houver tempo disponível, o processo funciona bem. No entanto, em um mundo mais acelerado, essa atividade linear e tediosa desmorona. Ela é muito lenta; não dispõe de informações em tempo real, e isso dificulta a implementação.

O mundo dos negócios de hoje exige claramente um novo processo de tomada de decisões (ver Figura 4.1). Em um mundo de rápidas transformações, indivíduos e comissões fracas raramente dispõem de todas as informações necessárias para tomar decisões corretas que não sejam as rotineiras. Eles não parecem ter a credibilidade ou tempo necessários para convencer os outros a fazer os sacrifícios pessoais necessários à implementação das mudanças. Apenas as equipes com a composição certa e confiança suficiente entre seus membros podem apresentar um alto nível de eficácia nessas novas circunstâncias. Esse novo truísmo se aplica igualmente bem a uma coalizão administrativa de mudança na fábrica, no processo de desenvolvimento de novos produtos ou no topo de uma organização durante um grande esforço de transformação. Uma coalizão administrativa que funcione como uma equipe eficaz pode processar mais informações de forma mais rápida. Ela também pode acele-

AMBIENTE CORPORATIVO MODERNO

- Exige mais mudanças em grande escala através de novas estratégias, reengenharia, reestruturação, fusões, aquisições, *downsizing*, desenvolvimento de novos produtos ou mercados, etc.

↓

AS DECISÕES TOMADAS DENTRO DA EMPRESA

- Fundamentam-se em questões maiores, mais complexas e com maior teor emocional
- Ocorrem com mais rapidez
- Ocorrem em um ambiente de mais incertezas
- Exigem mais sacrifícios por parte dos que as implementam

↓

UM NOVO PROCESSO DECISÓRIO

- É necessário porque ninguém sozinho possui as informações apropriadas para tomar todas as decisões importantes nem o tempo e credibilidade necessários para convencer um grande número de pessoas a implementarem essas decisões
- Deve ser conduzido por uma coalizão poderosa que possa agir como uma equipe

Figura 4.1
Processo Decisório no Ambiente Corporativo Moderno

rar a implementação de novas abordagens, pois pessoas poderosas são realmente informadas e comprometidas com as decisões-chave.

Dessa forma, por que os gerentes não utilizam equipes com mais freqüência para ajudar a produzir transformações? Há um certo grau de conflito de interesses envolvido. As equipes, ao contrário dos indivíduos, não são promovidas, e os indivíduos precisam de registros de trajetórias que não deixem dúvidas para que eles possam progredir em suas carreiras. O argumento "Participei de uma equipe que..." não é muito convincente na maioria das empresas hoje em dia.

No entanto, em proporções ainda maiores, o problema tem raízes históricas. A maioria dos executivos mais antigos desenvolveu-se em uma época em que o trabalho de equipe não era essencial. Eles podem ter falado em "equipe" e usado metáforas esportivas, mas a realidade era hierárquica – tipicamente, um chefe e oito relatores diretos. Após terem visto muitos exemplos de comissões insatisfatórias, onde tudo era mais lento, eles, muitas vezes, sentem-se mais à vontade com o velho formato, ainda que ele esteja se enfraquecendo cada vez mais no decorrer do tempo.

O resultado líquido: em muitos esforços de reengenharia e reelaboração de estratégias, as pessoas simplesmente ignoram essa etapa ou lhe dedicam uma atenção mínima. Em seguida, elas tentam criar uma nova visão ou reduzir o tamanho da empresa, ou o que quer que seja. No entanto, mais cedo ou mais tarde, a ausência de uma equipe forte para conduzir esses esforços se mostrará fatal.

Formação da Coalizão Administrativa

A primeira etapa na formação do tipo de equipe que pode administrar os esforços de mudança é encontrar a liderança adequada. Quatro características principais parecem ser essenciais para uma coalizão administrativa eficaz:

1. *Poder de posição:* Existem peças-chave suficientes na diretoria, especialmente os gerentes da linha principal, de forma que as pessoas que ficaram de fora não possam bloquear o progresso com facilidade?

2. *Especialização:* Os diversos pontos de vista relevantes para a tarefa específica – em termos de disciplina, experiência de trabalho, nacionalidade, etc. – são representados de forma adequada para que decisões inteligentes e informadas possam ser tomadas?

3. *Credibilidade:* O grupo possui pessoas suficientes com boa reputação na empresa para que suas declarações sejam levadas a sério pelos outros funcionários?

4. *Liderança:* O grupo possui um número suficiente de líderes competentes para conduzir o processo de mudança?

Esse último aspecto, a liderança, é especialmente importante. A gerência e a liderança são pontos necessários na coalizão administrativa, e devem funcionar paralelamente, com num trabalho em equipe.

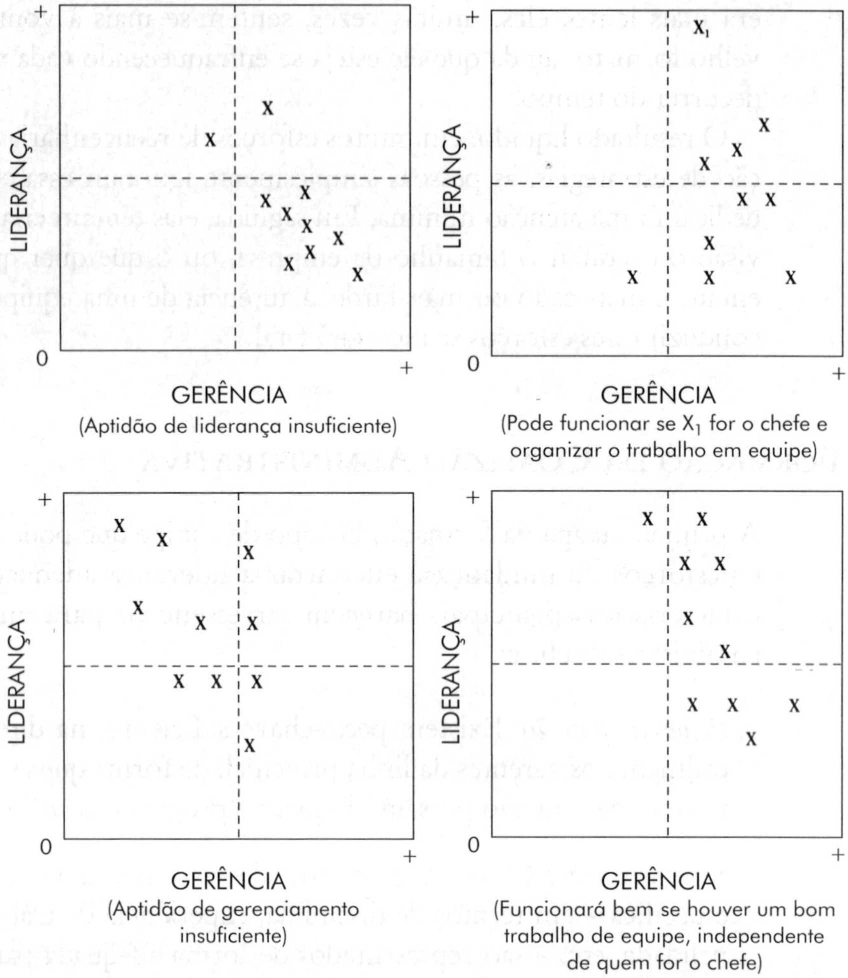

Figura 4.2
Perfis de Quatro Coalizões Administrativas Diferentes

A gerência mantém todo o processo sob controle, enquanto a liderança conduz a transformação. (As grades da Figura 4.2 representam as diversas combinações de liderança e gerência que podem ou não funcionar).

Uma coalizão administrativa com bons gerentes, mas líderes pouco qualificados, não terá sucesso. Um conjunto de idéias gerenciais preconcebidas irá desenvolver planos, não uma visão; ele não será capaz de comunicar a importância e a direção da mudança, e irá controlar as pessoas em vez de dar-lhes poder. Ainda assim, as empresas com boa reputação geralmente possuem culturas corporativas criadoras dessas idéias fixas que rejeitam líderes e liderança. Ironicamente, o grande sucesso gera um impulso que demanda cada vez mais gerentes para manter o crescimento da empresa sob controle, ao mesmo tempo em que requer pouca ou nenhuma liderança. Nessas empresas, é preciso muito cuidado ou as coalizões administrativas ficarão sem esse elemento fundamental.

A ausência de liderança é geralmente resolvida de três formas: (1) as pessoas são trazidas de fora da empresa, (2) os funcionários com características de liderança são promovidos ou (3) os funcionários que detêm posições que exigem liderança, mas que raramente agem dessa forma, são estimulados a aceitar o desafio. Qualquer que seja o método escolhido, o resultado final – uma equipe com aptidões de liderança – deve ser o mesmo. Nunca se esqueça: *uma coalizão administrativa composta somente por gerentes – mesmo gerentes fantásticos que sejam pessoas maravilhosas – arruinará os esforços de mudança.*

O tamanho de uma coalizão administrativa eficiente parece estar relacionado ao tamanho da organização. A mudança geralmente começa com apenas duas ou três pessoas. O grupo responsável por transformações bem-sucedidas aumenta para meia dúzia em empresas de pequeno porte ou em pequenos departamentos de empresas maiores. Nas empresas de grande porte, 20 a 50 indivíduos podem vir a ser contratados.

Qualidades a Serem Evitadas – ou Tratadas com Cuidado

Existem dois tipos de pessoas que devem ser evitadas a qualquer custo na elaboração de uma coalizão administrativa: aqueles cujos egos podem encher uma sala sem deixar espaço para ninguém mais e as chamadas "cobras", pessoas que geram a falta de confiança capaz de destruir qualquer trabalho de equipe.

Nos níveis mais altos da maioria das organizações, as pessoas têm egos enormes. No entanto, a menos que elas possuam também um conhecimento realista de suas fraquezas e limitações, sejam capazes de apreciar as qualidades complementares dos outros e dominar seus interesses imediatos em favor de um objetivo maior, elas provavelmente contribuirão para a coalizão administrativa tanto quanto o lixo nuclear. Se uma dessas pessoas for a peça central da coalizão, você pode dar adeus ao trabalho de equipe e às transformações profundas.

As cobras são igualmente desastrosas, embora de uma forma diferente. Elas destroem a confiança que é sempre um ingrediente essencial no trabalho de equipe. Uma cobra é especialista em dizer a Sally algo sobre Fred, e a Fred algo sobre Sally que irá prejudicar o relacionamento dos dois.

Egos exagerados e cobras podem ser extremamente inteligentes, motivados e produtivos em determinadas circunstâncias. Assim, eles podem ser promovidos a cargos da alta diretoria e se tornarem candidatos lógicos para uma coalizão administrativa. Agentes de mudança inteligentes parecem ser muito habilidosos para descobrir essas pessoas e mantê-las longe da equipe. Se isso for impossível, líderes competentes devem vigiar e administrar esses indivíduos com bastante cuidado.

Um outro tipo que deve ser tratado com cuidado é a pessoa relutante. Em organizações com altas taxas de urgência, é fácil contratar pessoas para a coalizão. Contudo, como a taxa de urgência é rara, geralmente é necessária uma quantidade maior de esforços, especialmente para algumas poucas pessoas-chave que não têm o menor interesse em se comprometer.

Jerry é um sobrecarregado gerente financeiro em nível departamental de uma grande empresa petroleira. De natureza conservadora, ele é mais um gerente do que um líder, e suspeita das mudanças significativas devido a seu potencial de risco e destruição. No entanto, após ter tido bom desempenho nessa empresa durante trinta e cinco anos, Jerry é muito poderoso e respeitado para ser ignorado. Como resultado, o chefe de seu departamento dedicou várias horas durante um período de dois meses na tentativa de convencê-lo de que uma grande mudança é necessária e de que seu envolvimento é fundamental. Na metade das negociações, o gerente financeiro ainda arranjava desculpas, usando sua falta de tempo e habilidade para ajudar. Mas a persistência compensa, e Jerry finalmente aderiu à coalizão.

Pode ser tentador descartar pessoas como Jerry e tentar trabalhar sem elas. Mas, se essas pessoas são elementos centrais com muita autoridade ou credibilidade, essa tática raramente funciona. Geralmente, o problema de envolver alguém como Jerry nos remete à questão da urgência. Ele não enxerga os problemas e oportunidades de forma clara, e isso também se aplica às pessoas com as quais ele interage diariamente. Com altos níveis de complacência, você nunca o convencerá a despender o tempo e esforço necessários para criar uma coalizão vencedora.

Quando pessoas como Jerry possuem as características de uma cobra ou um ego exagerado, a negociação de um pedido de demissão ou aposentadoria é quase sempre a única opção sensata. Você não as quer na coalizão administrativa, mas também não pode permitir que elas causem problemas fora das reuniões. De forma geral, as organizações relutam em confrontar essa questão, pois essas pessoas, muitas vezes, têm habilidades especiais ou suporte político. No entanto, a opção alternativa é ainda pior – permitir que elas prejudiquem uma nova estratégia ou os esforços de renovação cultural.

Receosos de enfrentar o problema, nos convencemos de que Jerry não é tão ruim assim, ou que podemos lidar com ele. Dessa forma, "tocamos o barco", apenas para nos maldizermos mais tarde por não termos resolvido o problema.

Nesse tipo de situação, lembre-se do seguinte: *problemas de pessoal que podem ser ignorados facilmente em épocas tranqüilas podem causar transtornos sérios em uma economia mais agressiva, acelerada e globalizante.*

A Formação de uma Equipe Eficaz Baseada na Confiança e Objetivo Comum

O trabalho de equipe em uma coalizão administrativa de mudança pode ser criado de diversas formas. No entanto, independente do processo usado, um componente é essencial: a confiança. Quando ela está presente, você geralmente pode criar um trabalho de equipe. Quando não, torna-se impossível fazê-lo.

A confiança está ausente em muitas organizações. Pessoas que passaram suas carreiras em um único departamento ou setor são, muitas vezes, instruídas a serem leais a seu grupo imediato, e a desconfiarem dos motivos dos outros grupos, ainda que estejam todos na mesma empresa. A falta de comunicação e muitos outros fatores aumentam essa rivalidade inadequada. Desse modo, os engenheiros avaliam os vendedores com enormes suspeitas, a subsidiária alemã encara seu superior americano com desdém, e assim por diante. Quando funcionários promovidos desses grupos são solicitados a trabalharem juntos em uma coalizão administrativa durante um esforço de mudança, o trabalho de equipe raramente é fácil, devido à remanescente falta de confiança. Os joguinhos provincianos ocasionados por essa situação podem impedir a realização das transformações necessárias.

Essa forma de pensar a confiança, por si só, pode ser bastante útil para julgar se um determinado conjunto de atividades irá gerar o tipo de equipe necessário. Se essas atividades geram compreensão mútua, respeito e cuidado associados à confiança, você está no caminho certo. Caso contrário, você está perdido.

Há quarenta anos, as empresas que tentavam formar equipes usavam, principalmente, atividades sociais informais. Todos os executivos conheciam as famílias dos outros. Nos jogos de golfe, festas de Natal e jantares, eles desenvolviam relações baseadas na compreensão e confiança mútuas.

As atividades sociais orientadas a famílias ainda são usadas para formar equipes, mas apresentam um grande número de desvantagens hoje em dia. Em primeiro lugar, trata-se de um processo lento. As atividades ocasionais que não tenham como principal objetivo a formação de equipes podem levar uma década ou mais. Em segundo lugar, isso funciona melhor com famílias em que apenas um cônjuge trabalha. Num mundo em que as pessoas desenvolvem paralelamente duas carreiras, poucos têm tempo para obrigações sociais freqüentes em duas empresas diferentes. Finalmente, esse tipo de processo de desenvolvimento de grupo tende a exercer fortes pressões para se chegar a um acordo. Idéias políticas, estilos de vida e *hobbies* convergem para o meio-termo. Quem for diferente deve se adequar ao grupo ou abandoná-lo. O pensamento em grupo, em seu sentido negativo, pode ser uma conseqüência.

Hoje em dia, a formação de uma equipe geralmente tem que ser mais ágil, permitir uma diversidade maior e funcionar sem cônjuges que ficam em casa. Para atender a essa realidade, o meio mais utilizado hoje em dia é, sem sombra de dúvida, uma espécie de encontros fora da empresa cuidadosamente planejados. Um grupo de oito, doze ou vinte e quatro pessoas vai para algum lugar por dois a cinco dias com o objetivo explícito de se tornarem mais equipe. Eles conversam, analisam situações, escalam montanhas, jogam, tudo com o propósito de aumentar a confiança e compreensão mútuas.

As primeiras tentativas desse tipo de atividade, há cerca de trinta anos, eram uma espécie de terapia em grupo tão rápida e superficial que raramente funcionava. Ultimamente, a ênfase passou a ser dada a tarefas mais intelectuais direcionadas à mente e atividades em grupo para desenvolver o lado emocional. As pessoas aprofundam seus conhecimentos nos dados sobre o setor e, depois, vão velejar juntas.

Um típico retiro fora da empresa inclui de dez a cinqüenta pessoas por três a seis dias. O *staff* interno ou consultores externos ajudam a planejar o encontro. A maior parte do tempo é usada no encorajamento de análises honestas sobre como os indivíduos se sentem em relação à organização, seus problemas e oportunidades. Os canais de comunicação entre as pessoas são abertos ou fortalecidos. A compreensão mútua aumenta, e as atividades sociais e intelectuais são planejadas para estimular um maior grau de confiança.

Essas excursões para o desenvolvimento de equipes, na maioria dos casos, ainda não conseguem atingir os resultados desejados. Às vezes, espera-se atingir metas muito elevadas para um evento de apenas três dias, ou o encontro não é planejado com o cuidado ou habilidade suficientes. Mas a tendência é clara: estamos ficando melhores nesse tipo de atividade.

Por exemplo, o presidente de divisão Sam Johnson está tentando unir um grupo de dez pessoas em uma coalizão de mudança eficiente para seu negócio de equipamentos eletrônicos. Nesse grupo, estarão seus sete relatores diretos, o chefe de um departamento da divisão que, provavelmente, estará no centro dos esforços de mudança, o vice-presidente executivo da sede e ele próprio. Com grande dificuldade, ele programa um encontro de uma semana para essas dez pessoas. Eles começam com uma atividade externa de dois dias, em que o grupo fica junto, ao ar livre, durante quarenta e oito horas e se submete a tarefas fisicamente extenuantes, como velejar e escalar montanhas. Nesse período, eles se conhecem melhor e são lembrados da importância do trabalho em equipe. Entre o terceiro e quinto dia, eles se hospedam em um hotel, recebem uma enorme quantidade de dados sobre os concorrentes e clientes da divisão e são solicitados a produzir uma série de trabalhos de análise em um prazo bem apertado. Eles trabalham das 7:30 às 19:00h, sendo a maior parte do tempo em subgrupos rotativos, mas não escolhidos de forma aleatória. Todas as noites, das 19:00 às 21:30h, eles jantam e conversam sobre suas carreiras, aspirações e outros assuntos mais pessoais. Nesse processo, eles passam a se conhecer ainda melhor e começam a desenvolver perspectivas comuns sobre seu setor. A maior compreensão estabelecida, os relacionamentos fundados na real consecução de tarefas e as perspectivas comuns favorecem a confiança.

Reconhecendo que essa bem-sucedida atividade de uma semana é apenas o início de um processo, Sam organiza outro evento de três dias para o grupo alguns meses mais tarde. Dois anos depois, com as promoções e rotatividade alterando a composição do grupo, ele planeja cuidadosamente outro retiro. Igualmente importante, entre essas atividades bem visíveis, ele toma dezenas de medidas que ajudarão a estabelecer a confiança necessária ao trabalho em equipe. Boatos que possam diminuir a boa vontade são imediatamente confrontados com informações acuradas. Pessoas que não se conhecem tão bem são colocadas juntas em outras forças-tarefa. Todos os dez são incluídos sempre que isso for adequado às atividades sociais.

P: Foi fácil fazer isso?
R: Nem um pouco.

Dois dos dez indivíduos desse exemplo eram pessoas bastante independentes que não entendiam por que precisavam escalar montanhas juntas. Uma era tão ocupada que programar atividades de grupo parecia, às vezes, impossível. Outra sofria de um sério problema: ego exagerado. Devido a fatos passados, duas delas não se davam muito bem. Mesmo assim, Sam conseguiu superar tudo isso e desenvolver uma coalizão administrativa eficiente.

Acredito que ele conseguiu essa façanha por desejar muito que a coalizão funcionasse, por estar convencido de que era necessário mudar drasticamente para fazer de sua empresa uma vencedora e por acreditar que essa mudança não ocorreria sem uma coalizão administrativa eficiente. De certa forma, Sam percebeu que não tinha escolha. Ele precisava gerar a confiança e o senso de trabalho em equipe. E assim o fez.

Quando as pessoas não conseguem desenvolver a coalizão necessária à mudança, a razão mais comum é que, no fundo, as pessoas não sentem a necessidade de uma transformação ou de uma equipe forte para administrar essa mudança. A capacidade de formar uma equipe raramente é o problema. Quando os executivos realmente acreditam que devem criar uma coalizão administrativa orientada a equipes, eles sempre tentam encontrar conselheiros competentes e aptos. Sem essa convicção, mesmo se tiverem capacidade ou bons conselheiros, os executivos não tomam as medidas necessárias.

Além da confiança, outro elemento fundamental para o trabalho em equipe parece ser o objetivo comum. Somente quando todos os membros de uma coalizão administrativa querem realmente atingir o mesmo objetivo, o verdadeiro trabalho em equipe torna-se possível.

O objetivo geral que une os membros de uma coalizão administrativa de mudança é o compromisso com a excelência, o verdadeiro desejo de que a organização tenha o melhor desempenho possível. A reengenharia, as aquisições e os esforços de mudança cultural falham muitas vezes porque esse desejo não existe. Em vez disso, vemos as pessoas comprometidas com seus próprios departamentos, divisões, amigos ou carreiras.

A confiança favorece bastante a criação de um objetivo comum. Uma das principais razões por que as pessoas não se comprometem com a excelência total é a falta de confiança nos outros departamentos, setores ou, até mesmo, nos outros executivos. Elas receiam, às vezes de forma bem racional, de que se centrarem obsessivamente as suas ações na contenção de despesas ou na satisfação do cliente, os outros departamentos não irão fazer sua parte e os custos pessoais subirão vertiginosamente. Quando a confiança aumenta, a criação de um objetivo comum torna-se mais fácil. A liderança também ajuda. Os líderes sabem como estimular os outros a transcender pequenos interesses de curto prazo.

ENCONTRE AS PESSOAS CERTAS

- Com o poder de posição forte, grande aptidão e alta credibilidade
- Com aptidões de liderança e gerência, especialmente a primeira

GERE CONFIANÇA

- Através de eventos externos cuidadosamente planejados
- Com muitas atividades em grupo e conversas

DESENVOLVA UM OBJETIVO COMUM

- Suscetível à mente
- Atraente ao coração

Figura 4.3
Criação de uma Coalizão que Faz a Mudança Acontecer

Viabilização da Mudança

A combinação da confiança e de um objetivo comum compartilhado por pessoas com as características certas pode fazer surgir uma poderosa equipe (ver Figura 4.3). A coalizão administrativa resultante será capaz de possibilitar as mudanças necessárias, apesar de todas as forças da inércia. Ela poderá, ao menos, realizar o trabalho árduo envolvido na criação da visão necessária, na comunicação ampla dessa visão, na concessão de poderes a um grande grupo de pessoas para que este possa tomar as decisões corretas, na garantia da credibilidade, na viabilização de vitórias a curto prazo, na liderança e gerenciamento de dezenas de projetos de mudança diferentes e no estabelecimento de novas abordagens na cultura da organização.

Mais uma vez, em uma economia de oligopólios menos globalizada e mais lenta, todos esses esforços em geral não são necessários. Mas as tendências são claras. Hoje em dia, e mais ainda num futuro imediato, seremos testemunhas de muitas tentativas em prol da transformação das organizações. No entanto, sem uma coalizão administrativa eficiente, a mudança será obstruída e o massacre aumentará.

CAPÍTULO 5

Desenvolvimento de uma Visão e Estratégia

Imagine a seguinte situação. Três grupos de dez pessoas estão em um parque na hora do almoço e uma tempestade está prestes a desabar. No primeiro grupo, alguém diz: "Levantem-se e sigam-me." Quando ele começa a caminhar e apenas algumas pessoas o acompanham, ele grita para os que continuaram sentados: "Levantem-se, eu disse, AGORA!" No segundo grupo, alguém fala: "Temos que nos mexer. Este é o plano: levantarmos um de cada vez e caminharmos em direção à árvore. Por favor, mantenham uma distância de, pelo menos, meio metro dos outros membros do grupo e não corram. Não deixem objetos pessoais no chão e parem ao pé da árvore. Quando todos estivermos lá..." No terceiro grupo, alguém diz aos outros: "Vai chover daqui a pouco. Por que não vamos até ali e nos sentamos embaixo daquela grande macieira? Ficaremos secos e poderemos comer maçãs fresquinhas no almoço."

Às vezes, fico surpreso com a quantidade de pessoas que tentam transformar organizações usando métodos semelhantes às duas primeiras situações descritas: decretos autoritários e microgerenciamento. Ambas as abordagens têm sido amplamente aplicadas nas empresas no decorrer deste último século, na maioria das vezes, para manter os sistemas existentes, e não para transformá-los em algo melhor. Quando o objetivo é a mudança de comportamentos, decretos autoritários não funcionam nem mesmo nas situações mais simples, como no caso da macieira, a menos que o chefe seja muito poderoso. Em organizações complexas, essa abordagem tem se mostrado cada vez mais ineficaz. Sem o poder de reis e rainhas, é pouco provável que o autoritarismo consiga romper as barreiras da resistência. As pessoas irão ignorar você ou fingir que cooperam, ao mesmo tempo em que farão de tudo para dificultar seus esforços. O microgerenciamento tenta contornar esse problema especificando, de forma detalhada, o que os funcionários devem fazer e monitorando o cumprimento dessas determinações. Essa tática pode vencer alguns dos obstáculos à mudança, mas em um período de tempo cada vez mais inaceitável. Como a criação e comunicação de planos detalhados é extremamente demorada, as mudanças assim geradas tendem a ser bastante gradativas. Apenas a abordagem da terceira situação descrita é capaz de vencer todas as forças que sustentam o *status quo* e estimular as grandes transições encontradas nas transformações bem-sucedidas (ver Figura 5.1). Essa abordagem fundamenta-se na visão – um componente central de toda grande liderança.

POR QUE A VISÃO É ESSENCIAL

A *visão* refere-se a um quadro do futuro com comentários implícitos ou explícitos sobre a razão pela qual as pessoas devem lutar para criar esse futuro. Em um processo de mudança, uma visão adequada atende a três objetivos importantes. Primeiro, ao esclarecer a direção geral da transformação, com o equivalente corporativo de "em alguns anos temos que estar mais ao sul de onde estamos hoje", ela simplifica centenas ou milhares de decisões mais detalhadas. Segundo, ela motiva as pessoas a tomar medidas certas, mesmo se as etapas iniciais forem dolorosas. Terceiro, ela ajuda a coordenar as ações das diversas pessoas, até mesmo de milhares de indivíduos, de uma forma incrivelmente rápida e eficiente.

Definir a direção da mudança é importante porque, geralmente, as pessoas discordam quanto à direção a ser seguida, sentem-se confusas

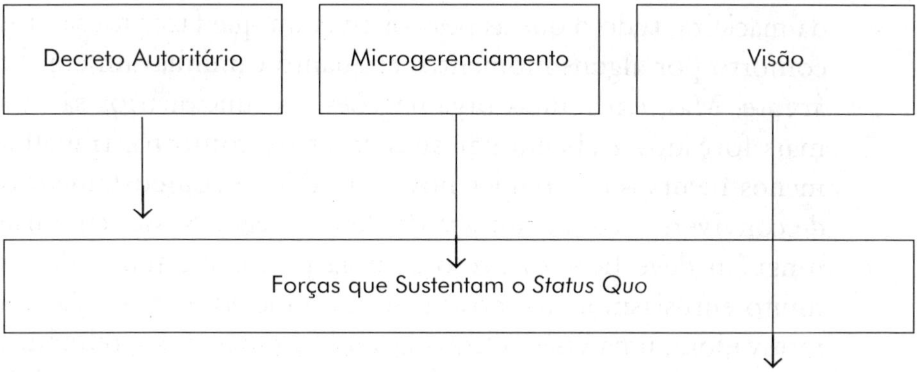

Figura 5.1
Como Vencer a Resistência com a Visão

ou se perguntam se transformações significativas são realmente necessárias. Uma visão e estratégias de apoio eficazes ajudam a resolver essas questões. Elas dizem: é assim que o mundo tem evoluído, e aqui estão algumas razões pelas quais devemos definir esses objetivos e seguir esses novos produtos (ou aquisições ou programas da qualidade) para atingir as metas. Com uma direção bem definida, a inabilidade de tomar decisões pode desaparecer. Debates intermináveis para decidir se o dinheiro será investido na compra de uma empresa ou na contratação de mais vendedores, para saber se uma reorganização é realmente necessária ou se a expansão internacional está ocorrendo num ritmo suficientemente veloz geralmente desaparecem. Uma simples pergunta – isso está de acordo com a visão? – pode ajudar a eliminar dias, horas ou, até mesmo, meses de discussões torturantes.

Da mesma forma, uma visão adequada pode ajudar a eliminar os gastos e o tempo perdido. Com uma direção bem definida, projetos inadequados podem ser identificados e encerrados, mesmo se tiverem suporte político. Os recursos liberados dessa forma podem ser utilizados no processo de transformação.

Uma segunda função essencial da visão é facilitar grandes mudanças através da motivação de ações que não atendem necessariamente aos interesses imediatos das pessoas. As modificações exigidas por uma visão sensata quase sempre envolvem uma "ponta" de sofrimento. Às vezes, o preço de um futuro melhor é pequeno; no exemplo da macieira, tudo o que as pessoas tiveram que fazer foi sacrificar seu conforto por alguns momentos enquanto caminhavam em direção à árvore. Mas, em muitas organizações, os funcionários são cada vez mais forçados a abandonar suas áreas de conforto, trabalhar com menos recursos e aprender novas aptidões e comportamentos, além de conviverem com a ameaça do desemprego. Nessas circunstâncias, ninguém deve ficar surpreso se uma pessoa encarar tudo isso sem muito entusiasmo. Ao mostrar-se esperançosa e, conseqüentemente, motivadora, uma visão adequada ajuda a superar essa relutância natural em se fazer o que é necessário (apesar de, muitas vezes, doloroso). Ela reconhece que alguns sacrifícios serão necessários, mas deixa claro que eles trarão benefícios e satisfação pessoal muito superiores aos disponíveis no momento – ou no futuro – sem a tentativa de mudança.

Mesmo em situações que requeiram um *downsizing* radical, em que a tendência natural é negar o futuro porque ele é deprimente e desmoralizante, a visão correta pode oferecer às pessoas uma causa atraente pela qual lutar. O raciocínio seria o seguinte: nossa situação atual nos levará à falência, mas, se adotarmos essa direção, conseguiremos salvar alguns empregos, evitar problemas para vários clientes e fornecedores ou ajudar milhares de famílias de classe média que investiram seus fundos de pensão ou outras economias na empresa.

Terceiro, uma visão ajuda a alinhar os indivíduos, coordenando de forma bastante eficaz as ações de pessoas motivadas. As alternativas – um trilhão de instruções detalhadas ou reuniões intermináveis – são muito mais lentas e dispendiosas. Com uma visão bem definida, os gerentes e funcionários podem descobrir por si mesmos o que fazer sem consultar constantemente seu patrão ou colegas.

A terceira característica da visão é, geralmente, muito importante. Os custos de coordenação da mudança, especialmente quando há muitas pessoas envolvidas, podem ser gigantescos. Sem um senso comum de direção, as pessoas interdependentes podem se ver em constante conflito e reuniões intermináveis. Com uma visão comum, elas podem trabalhar com um certo grau de autonomia e, ainda assim, não tropeçar nas outras.

A LIDERANÇA GERA	Visão	Um quadro sensato e atraente do futuro
	↕	
	Estratégias	Uma lógica sobre como a visão pode ser alcançada
	↕	
A GERÊNCIA GERA	Planos	Etapas específicas e cronogramas para implementar as estratégias
	↕	
	Orçamentos	Planos convertidos em projeções e metas financeiras

Figura 5.2
A Relação entre Visão, Estratégias, Planos e Orçamentos

A NATUREZA DE UMA VISÃO EFICAZ

A palavra *visão* lembra algo místico ou grandioso, mas a direção que leva a transformações bem-sucedidas é geralmente simples e mundana, como em: "Vai chover, vamos nos abrigar embaixo da macieira e comer algumas frutas no almoço."

Uma visão pode ser mundana e simples, pelo menos em parte, pois em transformações bem-sucedidas ela é o único elemento de um sistema maior que também inclui estratégias, planos e orçamentos (ver Figura 5.2). Embora ela seja apenas um fator de um grande sistema, é especialmente importante. Sem a visão, a criação de estratégias pode se tornar uma atividade muito mais controversa e o orçamento pode se dissolver em um exercício impensado de mudar os números do último ano em 5%. Ainda pior, sem uma visão adequada, uma estratégia inteligente ou um plano lógico raramente inspiram o tipo de ação necessário para produzir uma grande transformação.

Mundanas ou não, as visões eficazes parecem ter, pelo menos, seis características-chave (resumidas na Figura 5.3). Em primeiro lugar, elas descrevem como uma atividade ou organização será no futuro, muitas vezes num futuro distante. Em segundo lugar, elas articulam um conjunto de possibilidades que interessa a várias pessoas envolvidas na situação:

- **Imaginável:** Apresenta um quadro de como pode ser o futuro.
- **Desejável:** Atraente aos interesses a longo prazo dos funcionários, clientes, acionistas e outros envolvidos na iniciativa.
- **Viável:** Abrange objetivos realistas e atingíveis.
- **Concentrada:** Clara o suficiente para fornecer uma diretriz no processo decisório.
- **Flexível:** Geral o suficiente para permitir iniciativa individual e respostas alternativas de acordo com as condições inconstantes.
- **Comunicável:** De fácil comunicação; pode ser facilmente explicada em cinco minutos.

Figura 5.3
Características de uma Visão Eficaz

clientes, acionistas, funcionários. Em contraposição, visões incorretas, quando seguidas, tendem a ignorar os interesses legítimos de alguns grupos. Em terceiro lugar, visões eficazes são realistas. Elas não são fantasias com poucas chances de concretização. As visões ineficazes geralmente têm um aspecto ilusório. As visões adequadas são claras o suficiente para motivar a ação, mas também flexíveis o suficiente para viabilizar a iniciativa. As visões inadequadas são, algumas vezes, muito vagas e, outras vezes, muito específicas. Finalmente, as visões eficazes são fáceis de se comunicar, enquanto as inadequadas podem ser ininteligíveis.

Um Quadro Imaginável do Futuro

O que você iria pensar se lesse o seguinte no jornal da empresa: "Nossa visão é nos tornarmos uma empresa que paga os salários mais baixos possíveis, cobra os preços mais altos que o mercado pode suportar e divide os lucros entre os acionistas e a alta diretoria, principalmente esta última." Colocada dessa forma, a mensagem parece ser uma afronta; ainda assim, ela não está muito distante da visão de transformação que conduz algumas empresas hoje em dia. Embora o cinismo existente em todos nós queira nos fazer acreditar que essas empresas estão se dando bem, a verdade é que elas raramente têm sucesso, a não ser por curtos períodos de tempo, e quando isso acontece.

A reengenharia, reestruturação e outros programas de mudança nunca funcionam muito bem a longo prazo, a menos que sejam conduzidos por visões que atraiam a maioria das pessoas envolvidas na iniciativa: funcionários, clientes, acionistas, fornecedores, comunidades. Uma visão adequada pode exigir sacrifícios de alguns ou de todos os membros do grupo para produzir um futuro melhor, mas nunca ignora os interesses a longo prazo de ninguém. As visões que tentam ajudar alguns clientes desconsiderando os direitos de outros tendem a ser associadas aos mais diabólicos semideuses. Embora essas visões possam ter sucesso durante algum tempo, especialmente nas mãos de algum líder carismático, elas acabam por desmoralizar seus seguidores, motivando sempre um contra-ataque. No mundo dos negócios de hoje, esses contra-ataques vêm de grandes acionistas institucionais que pressionam a alta diretoria de diversas formas, através de clientes que param de comprar ou unem-se em ações judiciais e através de funcionários que destroem a mudança lançando mão da resistência passiva.

As visões corporativas que não são profundamente enraizadas na realidade dos mercados de produtos e serviços revelam-se cada vez mais uma receita para desastres. Se lhes é dada uma escolha – e, atualmente, na maioria dos setores, os compradores podem escolher – os clientes raramente toleram fabricantes que não se preocupam com seus interesses. Isso também se aplica aos mercados de trabalho ou financeiros. Se os funcionários ou investidores tiverem alternativas, a organização que ignorar suas necessidades está seguindo o caminho da autodestruição.

Por que um grupo de pessoas inteligentes segue uma visão que ignora as necessidades de clientes, funcionários ou investidores? Pelo que pude observar, isso normalmente acontece quando a gerência se sente pressionada por um cliente que, ao mesmo tempo, detém uma posição quase monopolista sobre os outros clientes. Por exemplo: quando um sindicato trabalhista forte exige salários altos e benefícios, uma gerência fraca resolve o problema repassando todos os custos para clientes que possuem poucas ou nenhuma alternativa. Ou o contrário: quando clientes com alternativas crescentes em todo o mundo exigem produtos melhores e mais baratos, uma gerência pressionada resolve o problema diminuindo os salários e benefícios dos grupos de funcionários mais fracos. As pressões a curto prazo e a capacidade humana de racionalizar ações negativas ou pouco inteligentes podem se combinar para levar pessoas sensatas a tomarem atitudes imprudentes.

As seguintes perguntas básicas podem ajudar a decidir se uma determinada visão de mudança é apropriada ou não.

1. Se a visão se concretizar, como ela afetará os clientes? Para os que já estão satisfeitos, ela os manterá assim? Para os que não estão totalmente satisfeitos, ela mudará essa situação? Os que não são nossos clientes se sentirão atraídos? Dentro de alguns anos estaremos fazendo um trabalho melhor do que a concorrência, oferecendo produtos e serviços cada vez melhores que realmente atendam às necessidades dos clientes?

2. Como essa visão afetará os acionistas? Ela os manterá satisfeitos? Se eles não estiverem totalmente satisfeitos, isso irá melhorar as coisas? Se nos sairmos bem na implementação dessa mudança, teremos maiores probabilidades de oferecer um melhor retorno financeiro do que se não a implementássemos?

3. Como essa visão afetará os funcionários? Se eles já estiverem satisfeitos, ela os manterá assim? Se eles estão desapontados, ela os conquistará? Se tivermos sucesso, poderemos oferecer melhores oportunidades de emprego do que as nossas concorrentes no mercado de trabalho?

Muito se escreveu na última década sobre o "equilíbrio" dos interesses dos acionistas. Não é disso que trato aqui. Uma visão que equilibre perfeitamente os interesses prometendo benefícios meramente medianos a clientes, funcionários e acionistas não trará o suporte necessário a uma grande mudança. Nos competitivos mercados de clientes, trabalho e finanças, é necessário algo mais. Todos precisam ser bem servidos. Cada vez mais, a pergunta relevante não é "cortamos os custos ou melhoramos o produto?", mas sim "como podemos reduzir as despesas e aumentar a qualidade do produto ao mesmo tempo?". Não é "devemos desenvolver uma força de trabalho apta e bem remunerada ou nos tornamos um produtor de baixo custo?", mas sim "como podemos criar uma força de trabalho de topo de linha que possa nos tornar um produtor de baixo custo?"

RÉPLICA: Mas isso é muito difícil!

RESPOSTA: Pode apostar! E conseguir lidar com esse desafio é o que, cada vez mais, tem separado vencedores de perdedores.

Viabilidade Estratégica

Hoje em dia, há pessoas que, algumas vezes, se deparam com visões corporativas que prometem o mundo mas não conseguem explicar como ou por que uma transformação é viável. Passaremos da produtividade mais baixa em nosso setor até nos tornarmos líderes. Fantástico, mas como? Deixaremos de ser uma empresa de médio porte para nos tornarmos a preferida dos clientes. Maravilhoso, mas como?

Uma visão viável é mais do que um sonho irreal. Uma descrição eficaz do futuro envolve a expansão de recursos e capacidades. Uma visão que exija uma melhoria de apenas 3% ao ano nunca estimulará a reelaboração de pensamento e mudança fundamentais geralmente necessárias em ambientes de rápidas transformações. No entanto, se as metas de transformação parecem impossíveis, elas não terão credibilidade e, portanto, não conseguirão motivar a ação. O grau de expansão viável é, em grande parte, uma função do processo de comunicação. Grandes líderes sabem como possibilitar metas ambiciosas - abordarei esse assunto em mais detalhes no próximo capítulo.

A viabilidade também significa que uma visão está baseada em uma compreensão clara e racional da organização, de seu mercado e das tendências da concorrência. É aí que a estratégia desempenha uma função importante. Ela fornece uma lógica e detalhes de primeiro nível para mostrar como uma visão pode ser executada. Por exemplo, como a maior tendência hoje em dia direciona-se a mercados mais competitivos e ágeis, muitas empresas precisam se tornar menos autocentradas, centralizadas, hierárquicas, lentas no processo decisório e políticas se é que querem obter sucesso no mercado, proporcionar os melhores resultados financeiros, etc. Uma visão eficaz e as estratégias que a sustentam devem abordar essas realidades de forma sensata.

Um setor inteiro se desenvolveu, principalmente nas duas últimas décadas, para ajudar as organizações a resolverem esses assuntos. Consultores estratégicos coletam todos os tipos de dados, especialmente aqueles sobre mercados e concorrência, e auxiliam as empresas a fazerem escolhas fundamentais sobre quais produtos fabricarão e a melhor maneira de produzi-los. O grande crescimento desse tipo de consultoria mostra algo importante sobre as dificuldades que as organizações encontram para abandonar preconceitos históricos, desenvolver novas estratégias e avaliar sua viabilidade.

Enfoque, Flexibilidade e Facilidade de Comunicação

As visões eficazes sempre apresentam um enfoque apropriado para orientar os funcionários – para demonstrar quais ações são importantes e quais são inaceitáveis. As instruções de direção vagas o suficiente a ponto de as pessoas não conseguirem se relacionar com elas não são úteis. Assim, "Ser uma grande empresa" não demonstra uma visão muito adequada, nem mesmo algo um pouco mais específico, tal como "Tornar-se a melhor empresa no setor de telecomunicações". Em ambos os casos, a pergunta não respondida é "melhor em *quê*?" Ter a melhor lanchonete? Os melhores estacionamentos?

É claro que, às vezes, as pessoas exageram ao tentar ser claras. As visões eficazes são abertas o suficiente para possibilitar a iniciativa individual e as condições para a mudança. Pronunciamentos longos e detalhados não apenas podem parecer camisas de força mas também podem se tornar logo obsoletos em um mundo em rápida transformação. Ao mesmo tempo, as visões que precisam de constantes reajustes perdem sua credibilidade.

Entre os dois extremos da imprecisão inaceitável e do detalhismo meticuloso há um espaço muito grande. Ao escolher o local da operação, executivos que administram transformações bem-sucedidas geralmente consideram a comunicabilidade um critério-chave. Até mesmo uma descrição conveniente, concentrada e viável do futuro é inútil se for tão complexa a ponto de inviabilizar a sua comunicação a uma grande quantidade de pessoas. A questão não é pegar uma boa idéia e "emburrecê-la". No entanto, como veremos no próximo capítulo, até mesmo a comunicação de uma visão simples a um grande número de pessoas pode ser extremamente difícil. A simplicidade é essencial.

Visões Eficazes e Ineficazes: Alguns Exemplos

De certa maneira, é mais fácil descrever visões que não propiciam as mudanças necessárias do que aquelas que o fazem. Por exemplo:

1. Quinze por cento de lucro por crescimento acionário" não é uma visão eficaz. Como já presenciei em diversas empresas, esse objetivo financeiro pode não ser desejável para alguns, não parecer viável para outros e oferecer poucas pistas sobre quais ações são necessárias para consegui-lo.

2. Uma visão eficaz não é uma descrição de milhares de páginas do "Programa da Qualidade". Após ler oitocentas páginas, a maioria das pessoas tende à depressão, e não à motivação.

3. Uma visão eficaz não é uma lista vaga e inútil de valores positivos ("Desejamos integridade, produtos seguros, um ambiente saudável, bom relacionamento com os funcionários, etc."). Esse tipo de lista nunca oferece uma direção segura e desestimula todas as pessoas, exceto os idealistas mais extremados.

Afinal de contas, o que *é* uma visão eficaz? A gerência de uma empresa de seguros norte-americana acredita no seguinte para ajudar a promover a transformação:

> É nosso objetivo nos tornarmos o líder mundial em nosso setor nos próximos dez anos. Da forma como usamos o termo, *liderança* significa mais receita, mais lucros, mais inovações que atendam às necessidades de nossos clientes e um local de trabalho mais atrativo do que o de qualquer outro concorrente. Alcançar esse ambicioso objetivo provavelmente exigirá

> receitas de dois dígitos e crescimento nos lucros a cada ano. Com certeza, precisaremos ser menos orientados ao mercado norte-americano, concentrar-nos mais no mercado externo e ser menos burocráticos, além de enfatizar mais os serviços, e não os produtos. Acreditamos sinceramente que, se trabalharmos juntos, poderemos chegar a essa transformação e, no decorrer do processo, criaremos uma empresa admirada pelos nossos acionistas, clientes, funcionários e comunidades.

Relatórios breves como esse, muitas vezes, não passam de falatório inconseqüente. No entanto, leia o parágrafo anterior novamente e você verá que ele contém muitas informações. Embora não forneça nada parecido com uma diretriz detalhada, ele permite o enfoque ao (1) eliminar várias possibilidades (por exemplo, tornar-se um conglomerado, continuar uma empresa restrita ao mercado norte-americano, explorar a força de trabalho), (2) indicar especificamente as áreas que precisam ser mudadas (por exemplo, de uma orientação a produtos a uma cultura de serviços) e (3) delimitar um objetivo específico (a número um do setor em dez anos). Há uma declaração explícita sobre conveniência ("admirada pelos acionistas..."). E essa visão é razoavelmente fácil de se comunicar (cerca de uma centena de palavras).

Uma versão aumentada desse curto relatório ocupa três páginas e aborda mais diretamente a questão da viabilidade com uma análise de estratégia. Mas até mesmo o conteúdo do documento de três páginas pode ser transmitido em cinco minutos. Lembre-se de minha regra: *se você não pode transmitir sua visão em cinco minutos e fazer as pessoas se interessarem por ela, terá mais trabalho pela frente nessa fase do processo de transformação.*

Aqui está outro exemplo, dessa vez mais centrado em um projeto específico:

> A visão que conduz os esforços de reengenharia de nosso departamento é simples. Queremos reduzir nossos custos em, pelo menos, 30% e aumentar a velocidade de resposta aos clientes em, pelo menos, 40%. Esses são objetivos difíceis de serem atingidos, mas, de acordo com o projeto-piloto em Austin, sabemos que eles podem ser alcançados se todos trabalharmos juntos. Quando isso tiver sido concluído, em aproximadamente três anos, teremos ultrapassado nossos maiores concorrentes e conseguido todos os

benefícios associados: clientes mais satisfeitos, crescimento da receita, maior estabilidade no emprego e o enorme orgulho proporcionado por grandes realizações.

Como esses dois exemplos, as visões de transformação mais eficazes que encontrei nos últimos anos parecem compartilhar as seguintes características:

1. Elas são ambiciosas o suficiente para levar as pessoas a abrirem mão de suas confortáveis rotinas. Tornar-se 5% melhor não é o objetivo, mas sim tornar-se o melhor em algo.

2. De forma geral, elas têm como objetivo fornecer serviços ou produtos cada vez melhores a custos cada vez menores, atraindo, assim, clientes e acionistas.

3. Elas tiram proveito das tendências fundamentais, especialmente da globalização e das novas tecnologias.

4. Elas não tentam explorar ninguém e, por isso, detêm um certo poder moral.

Elaboração da Visão

No decorrer da última década, observei de perto como algumas empresas tentaram elaborar visões de mudança eficazes. A partir dessa experiência, concluí o seguinte: o desenvolvimento de uma visão adequada é um exercício da mente e do coração, leva algum tempo e sempre envolve um grupo de pessoas, além de ser uma tarefa complexa.

O primeiro esboço geralmente parte de um único indivíduo. Essa pessoa utiliza suas experiências e valores para criar um conjunto de idéias que faça sentido e seja pessoalmente estimulante. Nas transformações bem-sucedidas, essas idéias são analisadas em profundidade com a coalizão administrativa. Essa análise quase sempre modifica as idéias originais eliminando um elemento, adicionando outros e/ou definindo a instrução. Já encontrei pessoas que tentaram fazer isso em um processo tão disciplinado quanto o sistema de planejamento formal, mas isso nunca pareceu funcionar muito bem. A elaboração de uma visão é quase sempre um exercício confuso, difícil e, às vezes, de grande carga emocional.

Em um caso típico, o chefe de uma empresa varejista de médio porte pediu aos vice-presidentes de planejamento estratégico e recursos humanos que fizessem o esboço de uma instrução com base em suas idéias. Esse documento se tornou o foco das atenções em uma estafante reunião externa de dois dias com a gerência. Na metade do encontro, apesar do belo e ensolarado cenário, a maioria dos participantes provavelmente desejava estar em casa, cercada por neve. O próprio chefe deve ter se sentido assim. O problema era que aquele esboço sobre a instrução da visão trouxe à tona as várias visões de mundo conflitantes dos diversos membros da comissão executiva. Essa visão também deixou uma das pessoas muito ansiosa, pois retratava um futuro em que seu grupo se tornaria o menos importante. E para pelo menos dois dos participantes, ou talvez mais, o processo era muito impreciso e mal definido. Hoje, acredito que quase todos os membros da alta diretoria dessa empresa concordariam sobre a importância daquele encontro e das análises subseqüentes. Naquele momento, porém, o encontro não foi muito divertido.

Em vez de se retrair quando os conflitos surgiram, o chefe continuou, de forma gentil porém firme. Ele usou suas numerosas habilidades interpessoais para manter a pressão em um nível tolerável. Se ele tivesse ignorado as duas primeiras fases do processo de transformação, o encontro poderia ter sido um fracasso total. No entanto, ao desenvolver um senso de urgência e estabelecer um grau satisfatório de confiança e compromisso comum com a excelência, o grupo foi capaz de percorrer uma série difícil de assuntos e tentar chegar a um acordo sobre uma versão modificada do documento.

Com notas sobre o encontro e um pouco mais de esforço do seu *staff*, o chefe preparou um segundo relatório, que foi analisado com a sua coalizão administrativa durante seis meses. Depois, esse documento revisado foi divulgado e ligeiramente modificado por duas ocasiões nos últimos quatro anos.

- **Primeiro esboço:** O processo geralmente começa com a declaração inicial de um único indivíduo, refletindo seus sonhos e as necessidades reais do mercado.
- **Função da coalizão administrativa:** O primeiro esboço é sempre modelado no decorrer do tempo pela coalizão administrativa ou, até mesmo, por um grupo maior de pessoas.
- **Importância do trabalho de equipe:** O processo em grupo nunca funciona bem sem um mínimo de eficiência no trabalho em equipe.
- **Função da mente e do coração:** O raciocínio analítico e muitos sonhos são essenciais durante toda a atividade.
- **Desalinhamento do processo:** A elaboração da visão é normalmente um processo de dois passos para frente e um para trás, um movimento para a esquerda e outro para a direita.
- **Duração:** A visão nunca é elaborada em uma única reunião. Essa atividade leva meses, às vezes anos.
- **Produto final:** O processo resulta em uma direção para o futuro, sendo conveniente, viável, focalizada, flexível e podendo ser comunicada em cinco minutos ou menos.

Figura 5.4
Elaboração de uma Visão Eficaz

A elaboração da visão pode ser difícil por, no mínimo, cinco razões (ver Figura 5.4). Em primeiro lugar, estimulamos várias gerações de pessoas talentosas para o cargo de gerente, e não líderes ou líderes/gerentes, e a visão não é o componente para um gerenciamento eficaz. O equivalente gerencial para a elaboração da visão é o planejamento. Pergunte a um bom gerente qual é sua visão e você, provavelmente, o ouvirá descrever um plano operacional - por exemplo, para lançar esse produto em junho, para contratar X novas pessoas em setembro, para lucrar US$Y após as taxas deste ano. No entanto, um plano nunca poderá dirigir, alinhar e inspirar ações da forma que uma visão pode fazer e, portanto, ele não será suficiente durante uma transformação. Em um passado de lento desenvolvimento, não precisávamos instruir muito as pessoas sobre esse tipo de atividade, e assim não o fazíamos. Mais uma vez, a história está depondo contra nós.

Em segundo lugar, embora uma visão adequada possua uma distinta simplicidade, os dados e a síntese requeridos para produzi-la não são, em geral, muito simples. Algumas pilhas de papel, relatórios, demonstrativos financeiros e estatísticas são, muitas vezes, necessários para ajudar a produzir um relatório de uma página sobre a direção a ser seguida. E a análise de todas essas informações não é o tipo de atividade que pode ser delegada a um supercomputador.

Em terceiro lugar, tanto a mente como o coração devem estar presentes nesse exercício. Após dezessete anos ou mais de educação formal, a maioria de nós sabe como usar o intelecto, mas conhece muito pouco a respeito das emoções. Ainda assim, todas as visões eficazes parecem se fundamentar em valores sensíveis, bem como em um raciocínio analítico, e os valores devem afetar profundamente os executivos da coalizão administrativa. Como resultado, a elaboração de uma visão não é apenas um exercício estratégico na avaliação de oportunidades ambientais e capacidade organizacional. O processo envolve bastante o auto-conhecimento – quem somos e o que consideramos importante. Analisando pelo lado pessoal, esse exercício pode ser muito recompensador. Mas, para pessoas que não sejam introspectivas ou autoconscientes, essa atividade também pode ser difícil e causar ansiedade.

Em quarto lugar, se não houver o trabalho de equipe na coalizão administrativa, a estreiteza de pensamento poderá transformar a elaboração da visão em uma negociação interminável. Certa vez, observei um frustrado grupo de executivos de uma empresa de computadores trabalhar por dois anos para chegar a um acordo sobre os elementos básicos de uma visão transformacional. O tempo gasto em reuniões formais e conversas individuais informais chegou a um número impressionante de horas. Mesmo assim, esses executivos nunca alcançaram seu objetivo: a elaboração de uma visão sensata com a qual se sentissem comprometidos. O maior problema era que poucas pessoas tentavam realmente atingir esse objetivo. Em vez disso, a maioria protegia os pequenos interesses de seus subgrupos.

Finalmente, se a taxa de urgência não for alta o suficiente, você nunca terá tempo para concluir o processo. Vai ser difícil marcar as reuniões. O trabalho entre as sessões será realizado com lentidão. Sem que você perceba, um ano vai ter se passado e nada será conseguido. As pressões para se criar *alguma coisa* aumentarão e, sendo assim, um produto longe do ideal será aceito e você passará para a próxima etapa. Nessas circunstâncias, a visão resultante é, em geral, um pequeno incremento do *status quo* ou um relatório mais audacioso que, na verdade, não tem a credibilidade da maioria dos integrantes da coalizão administrativa. Como a visão não é completamente correta, não é ambiciosa o suficiente ou recebe um apoio limitado, ela acaba por arruinar os esforços de mudança.

Devido à ansiedade e conflitos envolvidos na elaboração da visão, eu geralmente me deparo com pessoas interrompendo o processo prematuramente. Muito antes de os integrantes da coalizão administrativa terem tempo para pensar, sentir, argumentar e refletir, a visão se transforma em placas a serem penduradas na parede ou embaladas em plástico transparente. Quando isso acontece, o processo de transformação sempre sai prejudicado.

Lembre-se: uma visão ineficaz pode ser pior do que não ter nenhuma. Adotar uma visão mal desenvolvida pode, muitas vezes, levar as pessoas a despencarem de um precipício. E um apoio somente "da boca para fora", sem nenhum comprometimento, gera uma espécie de ilusão perigosa. As pessoas vão pensar que estão alicerçadas por uma base sólida e descobrirão, mais tarde, que essa base pode acabar desmoronando, arruinando todo o trabalho. Em qualquer um dos casos, depois que as pessoas descobrirem os problemas causados pela desistência prematura do processo de elaboração da visão, os funcionários poderão se tornar profundamente descrentes com relação às mudanças. Trabalhando com pessoas muito céticas, você dificilmente conseguirá transformações bem-sucedidas.

Já mencionei isso antes, mas a idéia merece ser repetida. Sempre que você abandonar uma das oito etapas do processo de transformação, pagará um preço alto mais tarde. Sem uma base suficientemente forte, o redirecionamento falha em algum ponto, forçando você a voltar e reconstruí-lo. Na etapa três, elaboração de uma visão e estratégia, isso significa despender o tempo necessário para concluir o projeto. Pense nisso como um investimento, um investimento importante, para a criação de um futuro melhor.

CAPÍTULO 6

Comunicação da Visão da Mudança

Uma grande visão pode servir como um propósito útil mesmo que seja entendida por apenas algumas pessoas fundamentais. Mas o poder real de uma visão é revelado apenas quando a maioria dos envolvidos em uma empresa ou atividade tem um entendimento comum de seus objetivos e direção. Esse senso compartilhado de um futuro desejável pode ajudar a motivar e coordenar os tipos de ações que provocam transformações.

Compreender e comprometer-se com uma nova direção nunca é uma tarefa fácil, especialmente no caso de grandes empresas. Pessoas inteligentes cometem erros o tempo todo, e o fracasso total não é raro, até mesmo em empresas conhecidas. Os gerentes não se comunicam direito – e freqüentemente isso acontece em grandes proporções – ou eles inadvertidamente enviam mensagens inconsistentes. Em qualquer um dos casos, o resultado final é o mesmo: a interrupção da transformação.

Dois Casos de Falha na Comunicação

Um gerente geral de divisão que administra uma empresa de telecomunicações conta que um grupo desenvolveu uma visão de mudança no último ano e passou boa parte do tempo divulgando-a amplamente. Desça alguns níveis na hierarquia e as pessoas dizem: "Visão? Que visão?" Analisando com mais profundidade, você descobrirá que a inconsistência aparente é perfeitamente explicável. Os diretores gastaram o que lhes pareceu ser um bocado de esforço para comunicar a visão. Eles devotaram a esse assunto um tempo precioso da reunião anual de planejamento estratégico. Escreveram três ou quatro artigos no informativo da empresa. Um dos diretores passou horas ajudando a produzir um vídeo para os funcionários. E o assunto geral esteve no programa da comissão executiva durante diversas reuniões. Além disso, se você pressionar os gerentes de primeira linha um pouco mais, eles admitem ter ouvido alguma coisa. Mas, honestamente, eles não conseguem se lembrar de muito, principalmente porque estão sobrecarregados de informações e apenas uma pequena parte delas tem a ver com a nova visão. "Algo sobre clientes e parcerias, não era isso?" E o mais franco entre eles irá dizer: "Era apenas conversa fiada. Duas semanas depois que eles anunciaram a nova visão, promoveram um idiota cujo método é totalmente incoerente com aquela mensagem."

Um outro cenário desastroso mas não incomum: a visão é comunicada com freqüência, mas de forma pouco produtiva. "Nosso objetivo é nos tornarmos a primeira empresa verdadeiramente transnacional na conjunção dos setores convergentes de informação/comunicação para conseguir tanto uma organização sem limites quanto uma estratégia de mudança de paradigma." Por mais ridículo que isso possa parecer, algumas idéias interessantes estão ocultas nessa frase. Mas como forma de comunicação, mesmo que seja repetida várias vezes, a declaração funciona muito mal.

Por que isso acontece? O fracasso nas três primeiras fases de um esforço de transformação sempre contribui para os problemas. Quando a taxa de urgência não está alta o suficiente, as pessoas não prestam atenção nas informações sobre uma nova visão. Se a coalizão administrativa não estiver no grupo certo, haverá dificuldade na criação e envio de uma mensagem apropriada. Se a própria visão for muito confusa ou simplesmente uma má idéia, vender produtos ruins se torna uma tarefa difícil. Mas mesmo quando as três primeiras fases da mudança são bem administradas, as pessoas ainda têm dificuldades por causa da grandeza absoluta da tarefa. Fazer com que cem, mil ou dez mil pessoas entendam e aceitem uma determinada visão normalmente é um empreendimento extremamente desafiador.

Para as pessoas que foram treinadas apenas para serem gerentes, a comunicação da visão pode ser particularmente difícil. Os gerentes tendem a pensar em termos de chefe e subordinados imediatos, não nos elementos mais amplos que precisam aderir à visão. Eles tendem a se sentir mais confortáveis com uma comunicação baseada em fatos e rotineira, e não com sonhos ou estratégias orientados ao futuro. Naturalmente, eles podem aprender. Mas isso exige tempo, esforço e, talvez acima de tudo, uma idéia clara sobre o que é o problema e como ele pode ser solucionado.

A Grandeza da Tarefa

O fracasso na comunicação da visão quase sempre é atribuído a capacidades intelectuais limitadas dos funcionários subordinados ou a uma generalizada resistência humana às mudanças, e dessa forma à aceitação das informações sobre a mudança. Embora esses dois fatores possam ser relevantes, nenhum dos dois está relacionado ao problema mais básico.

O desenvolvimento de uma visão de transformação com freqüência exige que os integrantes da coalizão administrativa passem algumas centenas de horas reunindo informações, estudando-as, considerando alternativas e finalmente tomando decisões. Vi vários casos nos quais depois de alguns meses de trabalho alguns dos executivos de alto nível envolvidos tinham muitas dificuldades em articular a última versão de sua visão. Não eram inteligentes o bastante? Dificilmente. Resistiam às mudanças? Até certo ponto, sim. Porém, mais importante do que tudo, acho que esse problema reflete as dificuldades inerentes ao processo.

Aceitar uma visão do futuro pode ser uma tarefa emocional e intelectualmente desafiadora. Nossas mentes naturalmente geram diversas perguntas. O que isso significará para mim? E para meus amigos? E a organização? Que outras alternativas existem? Alguma das outras opções é melhor? Se precisar trabalhar de forma diferente, conseguirei fazê-lo? Terei de fazer sacrifícios no processo de realização da visão? Como me sinto em relação a esses sacrifícios? Eu realmente acredito no que ouço sobre uma direção para o futuro? Ou será que os outros estão executando algum jogo, talvez para melhorar sua posição às minhas custas?

Uma das razões principais para que a criação da visão seja um exercício tão desafiador é que aqueles que estiverem na coalizão administrativa têm de responder a todas essas perguntas por si mesmos e isso exige tempo e muita comunicação. A tarefa puramente intelectual, a parte que poderia ser feita por um consultor de estratégias, é muito difícil, mas essa quase sempre é a parte menos importante do exercício geral. O trabalho emocional é ainda mais difícil: não se prender ao *status quo* nem a outras opções futuras, aceitar sacrifícios, confiar nos outros, etc. No entanto, depois que eles tiverem terminado esse trabalho mais difícil, os integrantes da coalizão administrativa agem como se todos na organização devessem entender e se sentir confortáveis com a visão resultante em menos tempo ainda. Assim, um galão de informações é despejado em um rio de comunicação de rotina, onde é rapidamente diluído, perdido e esquecido (ver Figura 6.1).

Então, por que pessoas inteligentes se comportam dessa forma? Em parte, o culpado é a velha condescendência. "Eu faço parte da gerência, você da força de trabalho. De qualquer forma, não espero que você entenda." Porém, o mais importante é que nós nos comunicamos de forma incorreta porque não conseguimos descobrir uma alternativa prática: fazer com que todos os dez mil funcionários executem o mesmo exercício que a coalizão administrativa? Não é muito provável.

A grandeza da tarefa desanima as pessoas. Se a coalizão administrativa passa um total de 150 horas trabalhando na visão, e se nós permitimos que apenas 20% dessa comunicação chegue aos outros, isso ainda significa 30 horas por pessoa vezes (por exemplo) dez mil pessoas. A um salário de 14 dólares por hora e outros 6 dólares de benefícios, temos 20 x 30 x 10.000 = 6 milhões de dólares. Poucas empresas têm

1. A quantidade total de comunicação destinada a um funcionário em três meses = 2.300.000 palavras ou números.
2. A comunicação típica de uma mudança de visão em um período de três meses = 13.400 palavras ou números (isto é, o equivalente a um discurso de 30 minutos, uma reunião de uma hora, um artigo de 600 palavras no informativo da empresa e um memorando de 2.000 palavras).
3. 13.400/2.300.000 = 0,0058. A visão da mudança captura apenas 0,58% da fatia do mercado de comunicação.

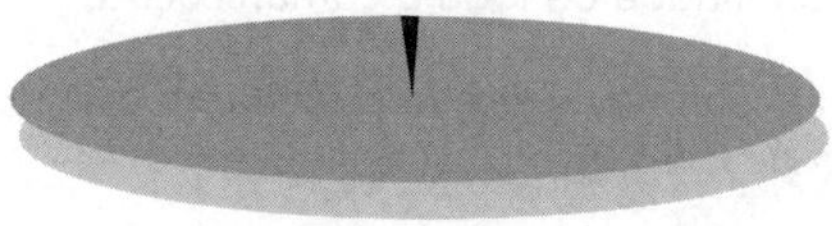

Figura 6.1
Falha na Comunicação: Como uma Visão de Mudança se Perde na Confusão

condições de arcar com uma despesa adicional de 6 milhões de dólares em seus orçamentos.

Então, como lidar com esse problema? Sete princípios parecem estar intimamente ligados a esse estágio em uma transformação bem-sucedida (ver Figura 6.2).

Mantenha a Simplicidade

O tempo e a energia necessários para uma comunicação eficiente da visão estão diretamente relacionados à clareza e simplicidade da mensagem. As informações centralizadas e sem jargões podem ser disseminadas para amplos grupos de pessoas por uma fração do custo da comunicação complicada e mal feita. O linguajar técnico e jargões confusos só atrapalham, criando confusões, suspeitas e alienação. A comunicação parece funcionar melhor quando é tão direta e simples que possui uma certa elegância.

- **Simplicidade:** Todo o jargão e linguagem técnica devem ser eliminados.
- **Metáforas, analogias e exemplos:** Uma imagem verbal vale mais do que mil palavras.
- **Fóruns múltiplos:** Grandes e pequenas reuniões, memorandos e informativos, interação formal e informal – tudo isso é eficiente para divulgar a teoria.
- **Repetição:** As idéias são absorvidas somente depois que tiverem sido ouvidas muitas vezes.
- **Liderança através de exemplos:** O comportamento de pessoas importantes inconsistente com a visão esmaga outras formas de comunicação.
- **Explicação de inconsistências aparentes:** Inconsistências não explicadas minam a credibilidade de toda a comunicação.
- **Mão dupla:** A comunicação de mão dupla é sempre mais poderosa do que a comunicação de mão única.

Figura 6.2
Elementos-chave para a Comunicação Eficiente da Visão

O desafio da comunicação simples e direta é que ela exige uma grande clareza de pensamento além de mais do que um pouco de coragem. Lembre-se do velho ditado: se eu tivesse mais tempo, escreveria uma carta mais curta para você. É muito mais difícil ser claro e conciso do que excessivamente complicado e prolixo. Simples também significa nada de truques. A linguagem técnica é só um escudo. Se as idéias forem estúpidas, outros irão reconhecê-las como tal. Tirar a armadura nos torna mais vulneráveis a curto prazo, e essa é a razão pela qual freqüentemente relutamos em fazê-lo.

Alguns exemplos:

> *Versão 1:* Nosso objetivo é reduzir nosso tempo médio para corrigir os parâmetros de forma que eles sejam perceptivelmente menores do que todos os concorrentes importantes dentro e fora dos Estados Unidos. De forma semelhante, estabelecemos como objetivo a mudança dos ciclos de desenvolvimento de novos produtos, do processamento de pedidos e outros processos relevantes para os clientes.

> *Versão 2:* Vamos nos tornar mais rápidos do que qualquer outro em nosso setor na satisfação das necessidade dos clientes.

Todas as profissões desenvolvem um vocabulário especializado, em parte quando a linguagem necessária não existe e em parte como um meio de diferenciação. Usar uma linguagem especializada ajuda quando você está conversando com outro profissional do mesmo ramo. Um discurso semelhante será confuso quando você estiver falando com pessoas de fora da profissão. Como a maioria das empresas tem funcionários e componentes externos (como clientes e fornecedores) de diversas profissões (engenheiros mecânicos, contadores, pesquisadores de mercado, gerentes), sempre que o jargão for utilizado, algumas pessoas entenderão e se sentirão integradas enquanto a maioria do público se sentirá confusa e ignorada. Como conseqüência, toda comunicação amplamente divulgada sobre um esforço de mudança não deve conter nenhum tipo de jargão. Quando contadores conversam apenas entre si, essa é uma questão diferente.

Considere mais dois exemplos:

Versão 1: Através de um processo de desburocratização, permitiremos que os funcionários da linha de frente atendam melhor às exigências peculiares dos clientes.

Versão 2: Vamos jogar fora alguns dos livros de regras e dar aos funcionários mais liberdade de ação para tomar a atitude correta em relação aos nossos clientes.

USO DE METÁFORAS, ANALOGIAS E EXEMPLOS

Freqüentemente ouço as pessoas dizerem: como nossa empresa é grande e complexa, não podemos comunicar uma visão sensata em pouco tempo usando uma linguagem simples. O que esses indivíduos não entendem é o poder da metáfora, da analogia, do exemplo ou da linguagem franca e atraente para comunicar idéias complicadas com rapidez e eficiência.

Por exemplo:

Versão 1: Precisamos manter as vantagens das economias de larga escala e ainda nos tornarmos muito menos burocráticos e lentos no processo de tomada de decisões para nos ajudarmos a manter e ganhar clientes em um ambiente empresarial muito competitivo e difícil (quarenta palavras).

Versão 2: Precisamos nos tornar menos parecidos com um elefante e mais parecidos com um *Tiranossaurus rex* simpático para o cliente (dezenove palavras).

A imagem de um dinossauro feroz pode parecer estranha, mas para a empresa de eletrônicos que a escolheu, essa idéia permitia uma excelente comunicação de suas idéias. O setor havia experimentado uma explosão de novos competidores. Pequenas empresas estavam falindo todos os meses e muitas das grandes estavam perdendo dinheiro. A empresa T-rex decidiu que precisava se tornar muito mais agressiva se quisesse sobreviver. A imagem de um tigre foi considerada, mas a empresa era grande demais para que isso fosse digno de crédito. Além disso, o tamanho tinha suas vantagens se a empresa pudesse ficar mais rápida e consistente no atendimento aos clientes. Daí veio a idéia de um *Tiranossaurus rex* simpático ao cliente.

Se a maior parte da base de funcionários e gerência dessa empresa gostasse da imagem do elefante ou sentisse aversão pela idéia de virar um T-rex, essa comunicação teria falhado. Mas exatamente o oposto era verdadeiro. Em algum nível emocional difícil de explicar, a maioria das pessoas adorou a idéia de ser representada pelo rei dos dinossauros. Isso as ajudou a lidar com suas preocupações em relação à mudança.

Um outro exemplo:

Versão 1: Queremos começar a projetar e fabricar mais produtos que sejam vistos pela clientela como diferentes, altamente reconhecíveis e prestigiados. Tais produtos terão preços e margens significativamente mais altos (28 palavras).

Versão 2: Fabricaremos menos Fiats e mais Mercedes (seis palavras).

Novamente, se os funcionários dessem mais valor a Fiats do que a Mercedes, essa comunicação não iria dar certo. Se eles estivessem em um vilarejo isolado da Ásia e tivessem pouco conhecimento desses carros, a mensagem significaria muito pouco. Mas nenhum dos dois era o caso da empresa verdadeira. Essa frase simples de seis palavras continha uma grande dose de informações de uma forma emocionalmente atraente.

Palavras bem escolhidas podem tornar uma mensagem memorável, mesmo que ela tenha que disputar a atenção das pessoas com centenas de outras formas de comunicação. O pessoal de publicidade realmente bom é especializado nesse tipo de seleção de palavras e imagens. Aqueles de nós com formação em engenharia, economia, ciências físicas ou finanças em geral não têm essa capacidade. Entretanto, qualquer um pode usar o conhecimento dos outros. E a maioria das pessoas, pelo menos de acordo com minha experiência, com um pouco de prática pode melhorar sua capacidade de descobrir formas criativas de comunicar suas idéias.

Use Muitos Fóruns Diferentes

A visão normalmente é comunicada de forma mais eficiente quando são usados muitos veículos diferentes: reuniões de grandes grupos, memorandos, informativos, cartazes, conversas informais. Quando a mesma mensagem chega às pessoas vinda de seis direções diferentes, ela tem uma chance maior de ser ouvida e lembrada, tanto no nível intelectual quanto no emocional. Assim, o canal A ajuda a responder a algumas das perguntas das pessoas, o canal B responde a outras e assim por diante.

Aqueles de nós conscientes dos custos irão apontar corretamente que a comunicação não é gratuita. Embora as empresas ocasionalmente gastem muito dinheiro na comunicação da visão, a maioria dos esforços de transformação bem-sucedidos que vi explora o fato de que muitas informações inúteis normalmente obstruem os dispendiosos canais de comunicação. Um terço ou mais do programa da reunião anual da gerência quase sempre é ditado pela tradição, embora não seja mais relevante ou esteja lá para massagear o ego de alguém, ou seja de alguma outra forma uma perda de tempo. A maior parte do informativo da empresa serve para satisfazer o ego de alguém ou para veicular uma propaganda tão sem vergonha que faria os antigos editores do *Pravda* corarem. Pelo menos 10% das conversas individuais diárias são sobre basquete, um novo filme ou golfe. Acabar com pelo menos uma parte dessa conversa cria espaço para informações importantes sem nenhum custo adicional.

Repetição, Repetição, Repetição

As mensagens mais cuidadosamente criadas raramente penetram na consciência do receptor depois de apenas uma declaração. Nossas mentes são muito desorganizadas, e qualquer comunicação tem de lutar com centenas de outras idéias para obter atenção. Além disso, uma única transmissão de idéias não irá responder a todas as nossas perguntas. Como resultado, uma transferência de informações eficiente quase sempre se baseia na repetição.

Compare estes dois cenários: no caso A, a nova visão é apresentada como parte de três discursos na reunião anual da gerência e é tema de três artigos do informativo da empresa, perfazendo um total de seis repetições em um período de seis meses. No caso B, cada um dos vinte e cinco executivos da empresa se compromete a encontrar quatro oportunidades por dia para levar as conversas de volta ao assunto principal. Assim, quando Hiro está reunido com suas vinte pessoas mais importantes para comparar os resultados mensais com o planejamento, ele pede que todas as decisões sejam avaliadas sob a ótica da nova visão, a qual ele repete. Quando Glória avalia o desempenho de seus funcionários, ela associa suas afirmações às iniciativas de mudança mais importantes. Quando Jan conduz uma atividade de perguntas e respostas em uma fábrica, ele responde à primeira pergunta dizendo: "Eu acho que sim, mas deixe-me explicar por quê. A visão que orienta nosso esforço de mudança é ..." O resultado final: vinte e cinco executivos, quatro vezes ao dia, durante seis meses equivale a mais de doze mil repetições. Seis multiplicado por doze mil.

Todos os casos bem-sucedidos de mudanças importantes parecem incluir dezenas de milhares de comunicações que ajudam os funcionários a lidar com questões intelectuais e emocionais difíceis. Isso acontece não apenas porque o departamento de relações públicas encara a "distribuição da visão" como um "projeto". Isso ocorre porque vários gerentes, supervisores e executivos olham para todas as suas atividades diárias pela ótica da nova visão. Quando as pessoas fazem isso, podem facilmente encontrar muitas formas significativas de conversar sobre as direções da mudança ou uma forma de comunicação que sempre pode ser orientada para a pessoa ou grupo específico com o qual estão falando.

Willie e três membros de sua equipe estão indo para uma reunião quando passam por um novo cartaz na parede sobre o programa de qualidade. Willie aponta para o cartaz e pergunta a seus colegas: "O que vocês acham? Isso realmente comunica a idéia correta? O que isso significa para vocês?" Frances e quinze pessoas de sua equipe estão numa sala de reuniões ouvindo um pedido de fundos. Quando a apresentação formal acaba, ela pergunta: "Como isso está relacionado a todo o trabalho de reengenharia? Como eu entendi, a visão que orienta esse esforço é ..." Todd está em um restaurante falando para duzentos funcionários. Alguém pergunta a ele: "Você acha que o número de pessoas empregadas aqui pode crescer algum dia?" Sua resposta é: "Se tivermos sucesso na implementação de nossa visão, a resposta certamente será sim. A visão está clara para você? Ela é digna de crédito?"

Uma frase aqui, um parágrafo lá, dois minutos no meio de uma reunião, cinco minutos no final de uma conversa, três referências rápidas em um discurso - coletivamente, essas rápidas menções podem totalizar uma quantidade grande de comunicações úteis, e geralmente é isso o que é necessário para ganhar corações e mentes.

Aja de Acordo com o que Diz ou Lidere por Exemplos

Quase sempre a forma mais poderosa de comunicar uma nova direção é através do comportamento. Quando as cinco ou cinqüenta pessoas mais importantes vivem a visão da mudança, os funcionários normalmente a compreendem melhor do que se tivessem sido publicadas centenas de matérias no boletim interno. Quando eles vêem os gerentes mais importantes agindo de acordo com a visão, todo um conjunto de perguntas incômodas sobre credibilidade e atuação no jogo tende a desaparecer.

Pense neste exemplo: o elemento central de um novo esforço de transformação de uma importante empresa aérea está relacionado ao atendimento aos clientes. Sempre que o executivo principal recebe uma carta de reclamação de um cliente, ele envia uma resposta pessoalmente dentro de 48 horas. Depois de um tempo, histórias sobre suas cartas circulam por toda a empresa. O resultado final: uma empresa de pesquisa externa descobre que 90% dos funcionários podem descrever a visão da mudança quando solicitado e aproximadamente 80% dizem que acredita que a alta diretoria está empenhada em fazer da visão uma realidade.

Um outro exemplo: o esforço de mudança em uma enorme empresa manufatureira européia está centralizado na criação de uma firma mais econômica e regular. Mais ou menos ao mesmo tempo em que a nova direção é comunicada aos funcionários, a alta diretoria elimina um nível do topo da hierarquia - vice-presidentes executivos - e anuncia que a equipe da sede será reduzida em 50% em um período de dezoito meses através de desgaste, aposentarias antecipadas e redução de cargos. Logo depois, uma empresa de consultoria descobre que um percentual alto dos funcionários de nível inferior é capaz de descrever corretamente a direção de mudança da empresa.

Outro exemplo: um general está tentando comunicar a uma gigantesca organização que os orçamentos de defesa estão encolhendo e que todos devem se tornar mais econômicos. Assim, quando ele viaja, em vez de embarcar num moderno helicóptero BlackHawk do exército norte-americano e depois em um jato C-12 privativo da Força Aérea dos Estados Unidos, ele faz o seguinte, sempre que possível: ele sai do Pentágono, embarca no metrô pagando US$ 0,80 para chegar ao Washington National Airport, pega um ônibus para o terminal e então viaja por uma empresa aérea comercial. O exemplo de suas viagens se espalha rapidamente.

Chamamos tal comportamento de "liderança por meio de exemplos". O conceito é simples. As palavras podem ser esquecidas, mas a ação não. Os céticos entre nós, em particular, tendem a não acreditar nas palavras mas ficarão impressionados com a ação.

De forma semelhante, dizer uma coisa às pessoas e depois se comportar de maneira diferente é um bom modo de minar a comunicação de uma visão de mudança. A chefe de divisão Sally O'Rourke diz a seus mil e duzentos funcionários que a velocidade deve ser a marca registrada de sua organização. Então ela leva nove meses para aprovar uma solicitação de capital de um de seus gerentes de produto, permitindo que a concorrência abocanhe a fatia de mercado do leão de um segmento novo e em expansão. O executivo principal, John Jones, prega custos menores. Aí ele remodela seu escritório por 150 mil dólares. O vice-presidente executivo Harold Rose fala sem parar sobre o atendimento ao cliente, mas quando as reclamações sobre um novo produto chegam em abundância e um repórter curioso do *Wall Street Journal* telefona, ele defende seu produto em vez de seus clientes.

Em resumo: *nada mina mais a comunicação de uma visão da mudança do que o comportamento inconsistente com a visão de alguns dos elementos-chave.* As implicações são poderosas: (1) tentar vender uma visão antes que a alta diretoria possa incorporá-la é difícil e (2) mesmo na melhor das circunstâncias, monitorar cuidadosamente o comportamento da diretoria é uma boa idéia para que você possa identificar e resolver inconsistências entre palavras e ações.

Resolva de Forma Explícita as Inconsistências Aparentes

Recentemente visitei um banco que passava por importantes iniciativas de redução de custos como parte de um esforço de transformação mais amplo. Os funcionários estavam sofrendo na própria pele e mostravam-se perceptivelmente sensíveis a qualquer sinal de que a gerência não estivesse fazendo sua parte. Infelizmente, esses sinais estavam em todo lugar.

Enquanto as forças-tarefa de produtividade pareciam estar cortando os custos vinte e quatro horas por dia, a corporação continuava a alugar seis jatos para uso executivo. Enquanto cem funcionários eram dispensados aqui, outros cem ali, a alta diretoria ocupava escritórios sofisticados. Enquanto as festas de Natal eram canceladas em alguns lugares como medida de economia, o executivo principal enviava toda a diretoria na primeira classe para participar de uma de suas reuniões em Londres.

Quando indico tais inconsistências, os executivos reviram os olhos ou ficam na defensiva. "O que você está dizendo? Você quer que nós arranquemos a madeira das paredes e façamos com que este lugar (a sede) pareça uma espelunca?" "Fizemos a análise seis vezes e os jatos continuaram parecendo um bom negócio. Sem eles, não há como chegar a alguns locais mais distantes. Você realmente acha que uma pessoa está fazendo bom uso de seu tempo indo para o aeroporto, esperando por um avião comercial, fazendo uma conexão para outro avião e por fim dirigindo por mais duas horas?" "Parte de nossa visão é internacionalizar a empresa, portanto temos de globalizar a diretoria. É por isso que nossa reunião é em Londres. Você quer uma administração que pense apenas em termos dos Estados Unidos?"

Os executivos ficam frustrados quando alguém lhes pede para defender os jatos, o mogno das paredes e as viagens para o exterior porque não conseguem encontrar nenhuma forma fácil de lidar com essas questões. Eles não querem encorajar o ceticismo entre os funcionários, mas não faz sentido para eles vender as sedes, cancelar leasings e esquecer Londres. "Realmente analisamos a venda do edifício mas os custos de desmembramento e reposicionamento são enormes. Então, o que fazer?" Em alguns casos a resposta é: "Livrem-se dos escritórios, jatos e viagens." Mas em outros, isso não seria prático ou sensato. Dessa forma, a resposta é resolver as questões explicitamente com uma comunicação honesta. Por exemplo:

> Com toda a redução de custos necessária em toda a empresa, é indesculpável que qualquer um de nós desperdice dinheiro, especialmente com luxos desnecessários. Dentro desse contexto, decidimos que os escritórios e suprimentos de nossos executivos não são justificáveis. No momento, vender a sede e nos mudarmos para uma vizinhança menos luxuosa iria acarretar mais custos do que economia. No entanto, vamos continuar a procurar uma maneira eficiente e prática em termos de custos para reduzir os excessos.

As mensagens diretas e honestas são freqüentemente motivo de piada para os céticos. Se a maioria dos funcionários suspeitar da diretoria, então tais mensagens não irão ajudar. Mas para o funcionário que quer acreditar em sua empresa, esse tipo de comunicação normalmente é muito apreciado. A credibilidade e a confiança aumentam, o que por sua vez contribui para a comunicação da visão da mudança.

P: Por que as pessoas não fazem esse tipo de coisa mais vezes?
R: Elas estão fazendo isso cada vez mais freqüentemente.

Os estilos de gerência antiquados e imperiais estão desaparecendo. Em um mundo que muda rapidamente, onde há uma necessidade de engajar as mentes e os corações dos funcionários, os executivos que não se comunicarem não serão capazes de transformar suas empresas em competidores fortes. Como todos nós já vimos situações nas quais reter informações ou simplesmente contar mentiras parece ajudar alguns a vencer, somos todos um pouco céticos em relação a essa observação. Mas essa é a verdade.

Nas transformações bem-sucedidas, as inconsistências importantes nas mensagens que os funcionários estão recebendo são quase sempre resolvidas explicitamente. Se sinais ambíguos não puderem ser eliminados, normalmente eles são explicados de uma forma simples e honesta.

Ouça e Seja Ouvido

Como com freqüência a comunicação da visão é uma atividade tão difícil, ela pode facilmente se transformar em uma distorcida transmissão de mão única na qual o *feedback* útil é ignorado e os funcionários são inadvertidamente levados a se sentirem pouco importantes. Em esforços de mudança altamente bem-sucedidos, isso raramente acontece, porque a comunicação sempre se torna um empreendimento de mão dupla.

Vi alguns casos nos quais as coalizões administrativas não compreenderam corretamente a visão e alguns funcionários perceberam isso ou poderiam ter resolvido os problemas se tivessem sido bem informados. Apesar disso, como não foi solicitado um *feedback*, os erros nunca foram corrigidos até que o projeto estivesse bem adiantado. Em um caso em particular, esse problema provou ser extremamente caro em termos de despesas desnecessárias com a tecnologia da informação. Uma meia dúzia de jovens representantes de vendas com bons conhecimentos de informática teriam percebido imediatamente, se tivessem sido instruídos para isso, que o conceito básico orientando as novas compras de hardware e software estava cheio de falhas. Mas eles só foram informados depois que o novo equipamento havia chegado. Então, depois que uma gerência com menos conhecimentos em informática tinha aceitado e implementado uma visão problemática, as correções de curso foram muito dispendiosas.

Ainda mais importante, as discussões de mão dupla são um método essencial para ajudar as pessoas a responderem a todas as perguntas que lhes ocorrem em um esforço de transformação. Uma comunicação originária de várias fontes e que seja simples, clara, consistente, repetida com freqüência, de fácil memorização e exemplificada pelo comportamento executivo ajuda muito. Mas a maioria dos seres humanos, especialmente os que têm boa formação, aceitam determinadas idéias apenas depois que tiverem tido a chance de lutar contra elas. Lutar significa fazer perguntas, desafiar e argüir. Isso, é claro, é precisamente o que acontece logo que a visão é criada pela coalizão administrativa.

Os criadores da mudança às vezes evitam a comunicação de mão dupla por causa de preocupações com o custo. Sua lógica é direta; qualquer que seja o custo para o fluxo de informações de mão única, ele dobra – no mínimo – para o fluxo de mão dupla. Eles corretamente argumentam que nem todo mundo pode passar pela mesma experiência que a coalizão administrativa. Aqui, porém, eles novamente ignoram a utilidade de ter tantos gerentes quanto possível analisando os eventos imediatos através da ótica da nova visão. Quando as pessoas fazem isso, elas invariavelmente encontram diversas formas de gerar debates sobre a visão. Cinco minutos em uma reunião de lançamento de produto, dois minutos em uma conversa no corredor, dez minutos no final de um discurso – os minutos podem chegar a milhares de horas.

Como iniciadores da mudança, às vezes nós também evitamos essa atividade porque temos medo de que nossa visão não sobreviva a dois rounds no ringue. Tal comportamento é compreensível, porém reprovável.

Se as pessoas não aceitam uma visão, as duas próximas etapas do processo de transformação – autorizar os indivíduos a tomarem atitudes de base ampla e a criarem vitórias a curto prazo – irão falhar. Os funcionários não irão aproveitar sua autoridade nem se esforçar para garantir as vitórias. Pior ainda, se eles aceitarem e então tentarem implementar uma visão mal formulada, como no exemplo da tecnologia da informação, tempo e recursos preciosos serão desperdiçados e muitas pessoas sofrerão as conseqüências.

A desvantagem da comunicação de mão dupla é que o *feedback* pode sugerir que estamos no caminho errado e que a visão precisa ser reformulada. Mas no final, engolir nosso orgulho e trabalhar novamente a visão é bem mais produtivo do que seguir na direção errada - ou em uma direção que os outros não seguirão.

CAPÍTULO 7

Como Investir de Empowerment *os Funcionários para Ações Abrangentes*

"Se eu ouvir a expressão *investir de empowerment* mais uma vez", alguém me disse recentemente, "eu não sei o que sou capaz de fazer." Ele estava expressando irritação em relação ao fato de que, quanto mais esse termo cada vez mais popular é usado, menos ele parece significar. "Isso está se tornando um *slogan* politicamente correto", diz ele. "*Empowerment*, *empowerment*, *empowerment*. Eu pergunto às pessoas o que elas querem dizer com isso e elas mal conseguem articular, ou olham para mim como se eu fosse um idiota."

Alguns anos atrás, eu poderia ter concordado com as reservas dele. Atualmente não. Eu ainda não estou entusiasmado com o uso de palavras da moda, mas acho que a idéia de ajudar as pessoas a se tornarem mais capazes é importante neste mundo em constante transformação.

Mudanças ambientais exigem mudanças organizacionais. As grandes transformações internas raramente acontecem se um grande número

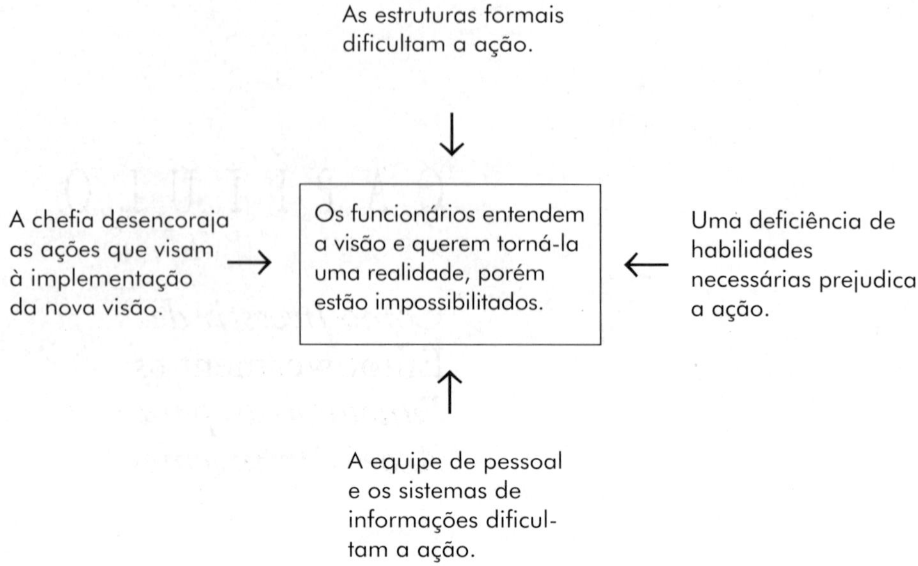

Figura 7.1
Barreiras ao *Empowerment*

de pessoas não ajudar. Ainda assim, muitos funcionários não ajudarão, ou não poderão fazê-lo, caso eles se sintam relativamente incapacitados. Daí a importância do *empowerment*.

A conclusão efetiva dos estágios 1 a 4 do processo de transformação já é um grande passo nesse sentido. Porém, mesmo quando a urgência é grande, uma coalizão administrativa tenha criado uma visão correta e essa visão tenha sido perfeitamente comunicada, vários obstáculos ainda podem impedir os funcionários de realizarem as mudanças necessárias. A finalidade do estágio 5 é investir de *empowerment* um grande número de pessoas a fim de que elas tomem as providências necessárias, removendo o maior número de barreiras possível para a implementação da visão da mudança nesse ponto do processo.

Quais são os maiores obstáculos que precisam ser ultrapassados? Quatro deles podem ser particularmente importantes: estruturas, habilidades, sistemas e supervisores (ver Figura 7.1).

Remoção de Barreiras Estruturais

A empresa neste caso é uma organização do ramo financeiro com sede na Austrália. Um novo presidente aumenta a taxa de urgência, monta uma coalizão administrativa superior e a ajuda a desenvolver uma nova direção para a empresa que esteja concentrada no atendimento ao cliente de alto nível. A idéia básica é simples, ou seja, desenvolver uma capacidade que não apenas ganhará terreno na Austrália, mas também permitirá que a empresa possa competir eficientemente nos mercados emergentes espalhados pela Ásia. O sucesso da equipe na comunicação da nova visão deixa muitos funcionários convencidos de que a empresa está no caminho certo. Quando a gerência superior percebe a resposta entusiasmada às suas iniciativas, seus membros concluem que a parte mais difícil do processo de transformação pode ter sido superada - o que é provavelmente o motivo pelo qual suas atenções são desviadas.

Dois anos depois, um grupo frustrado e aborrecido de diretores tenta avaliar o que deu errado, pois acreditam que tinham feito a sua parte. Eles estiveram visitando clientes por toda a região, ajudando a implantar novos sistemas para medir a satisfação do cliente, dando palestras dentro da empresa para reforçar a mensagem de atendimento ao cliente e trabalhando com consultores na reestruturação de produtos e serviços que melhor atendessem às exigências do mercado. Mas, por alguma razão, as pessoas antes entusiasmadas não estavam correspondendo.

Um balanço geral revela o seguinte: muitos funcionários realmente quiseram oferecer melhores produtos e serviços, e tentaram. No entanto, a estrutura empresarial fragmentou tanto os recursos e a autoridade, que o bom fornecimento de qualquer um dos novos produtos financeiros era quase impossível. Um produto típico exigia que pessoas de quatro organizações funcionais diferentes trabalhassem em conjunto de maneira uniforme. Mesmo quando os funcionários tentavam criar equipes multifuncionais focalizadas no binômio produto/cliente, eles achavam o processo imensamente frustrante. Os poderosos silos estruturais prejudicavam as equipes de várias formas sutis, tornando a entrega no prazo de novos serviços aos clientes uma tarefa praticamente impossível. Quando os funcionários reclamaram com os seus supervisores, receberam como resposta que eles deveriam tentar trabalhar melhor em equipe. Quando insinuaram que a estrutura da empresa poderia ser o problema, receberam inúmeras explicações sobre a impossibilidade de a estrutura ser modificada, ou então que não adiantaria mudar, ou ainda, que levaria muito tempo. Desestimulados, eles desistiram de tentar implementar a nova visão.

Quando o executivo principal, neste caso, confrontou os seus gerentes com o problema estrutural e pediu-lhes sua opinião, eles lhe disseram:

1. A implementação da nova visão foi uma tarefa complicada.

2. Eles poderiam ter o tipo errado de funcionários, o que levaria muito tempo para corrigir.

3. A média gerência estava exausta após dedicar longas horas na tentativa de fazer o trabalho correto.

4. Não havia uma solução óbvia para esses problemas.

Até certo ponto, tudo isso era verdade. Era comum longas jornadas de trabalho, por exemplo, mas as pessoas-chave da média gerência também estavam preocupadas tentando preservar os domínios da sua função, apesar da clara evidência de que seria necessária uma reorganização para o fornecimento de novos produtos e serviços. Como é comum em uma situação de mudança, a resistência não veio de todos. Apenas alguns gerentes estavam realmente se mostrando relutantes. Contudo, eles eram difíceis de ser influenciados, parcialmente porque estavam convencidos de que fizeram o que deveria ser feito pela empresa.

Colin era um dos relutantes típicos. Depois de vinte e cinco anos de experiência, ele entendia bem os preceitos da organização funcional na qual ele havia investido tanto tempo e energia. Os vários esquemas de reorganização não apenas dividiram o seu grupo e reduziram bastante a dimensão do seu cargo, como também eliminaram algumas das vantagens comerciais da estrutura tradicional. Se Colin tivesse apoiado completamente a nova visão, ele teria tido que concordar relutantemente que as perdas geradas por uma reestruturação não eram tão significati-

A VISÃO	A ESTRUTURA
• Concentrar-se no cliente	• Mas a empresa fragmenta os recursos e as responsabilidades pelos produtos e serviços
• Dar mais responsabilidade aos funcionários de nível mais baixo	• Mas há gerentes de nível médio que criticam os funcionários e antecipam as suas intenções
• Aumentar a produtividade para tornar-se o produtor de baixo custo	• Mas grupos imensos de funcionários na sede da empresa são caros e constantemente dão origem a procedimentos e programas dispendiosos
• Acelerar todo o processo	• Mas os grupos independentes não se comunicam e assim atrasam as coisas

Figura 7.2
Como a Estrutura Pode Enfraquecer a Visão

vas assim. Mas ele avaliou a visão como um sonho agradável com poucas chances de ser realizado e, dessa maneira, com as perdas nítidas e certas e os ganhos em potencial obscuros e improváveis, ele hesitou. O resultado foi que a empresa conservou uma estrutura organizacional que sistematicamente bloqueou os esforços para a implementação da nova visão.

A estrutura nem sempre é uma grande barreira nas transformações, pelo menos nos estágios iniciais, mas tenho acompanhado muitas situações nas quais a organização da empresa desfavorece uma visão ao retirar o poder das pessoas (ver Figura 7.2). O caso da empresa de serviços financeiros australiana não é incomum. As visões voltadas para o cliente geralmente fracassam se a estruturação organizacional da empresa não compartilhar dessa filosofia. Um outro exemplo típico seria uma empresa de serviços de eletricidade cuja visão dos funcionários da linha de frente, que assumem muito mais responsabilidades, entra em conflito com uma estrutura contendo um excesso de níveis e que investe a gerência média de muita autoridade no processo decisório. À medida que os funcionários tentam tornar a nova visão uma realidade, suas decisões são antecipadas e desgastadas por um grupo de gerentes. "Você levou isto em consideração?" "Você deveria ter confirmado com o Jones primeiro." "Você percebe o precedente que pode estar abrindo?" Previsivelmente, depois de um período, a maioria dos funcionários da linha de frente desiste e volta-se para as formas antigas de operação.

Sempre que as barreiras estruturais não são removidas a tempo, ocorre o risco de os funcionários se tornarem tão frustrados que irão contaminar todo o esforço de transformação. Caso isso aconteça, ainda que posteriormente se reorganize de forma correta, você terá perdido a energia necessária para usar a nova estrutura a fim de tornar a visão uma realidade.

Por que isso acontece? Algumas vezes nós nos acostumamos tanto a um projeto básico de organização, talvez pelo fato de ele ter sido usado durante décadas, que ficamos cegos para as novas alternativas. Algumas vezes as pessoas investem tanto em uma estrutura, em termos de compromissos pessoais e experiência profissional, que temem conseqüências em potencial na carreira. Algumas vezes os altos executivos reconhecem que um novo projeto é necessário, contudo não querem travar uma batalha com a média gerência ou com os da mesma categoria. No entanto, com freqüência, o alicerce para a mudança não foi estabelecido com firmeza suficiente. A média gerência resiste com facilidade à mudança estrutural quando não possui um senso de urgência, não vê uma equipe dedicada no nível superior, não tem uma visão sensível da mudança ou não acha que os outros acreditam nessa visão.

Como Oferecer o Treinamento Necessário

Há quase vinte anos, observei uma empresa de peças automotivas de idéias avançadas tentar fazer grandes mudanças em suas operações de fabricação a fim de dar um salto à frente da concorrência. Muito antes que outros estivessem removendo níveis da média gerência e aumentando a autoridade de funcionários de nível mais baixo, essa empresa tinha uma visão de como tal método aumentaria a qualidade e diminuiria os custos. A coalizão administrativa cometeu muitos erros, como sempre acontece com os pioneiros; todavia, construiu com êxito uma fábrica na zona rural que possuía poucos gerentes no nível médio, era amplamente dirigida por equipes de operários e nitidamente avançada para a sua época. Manter a fábrica em funcionamento não era fácil, mas ninguém estava surpreso com isso. Após alcançar 70% de sua meta de produção diária, a gerência da fábrica presumiu que o maior trabalho havia terminado. Não era verdade.

A produção parou em 75% da meta, um resultado economicamente inaceitável. A força de trabalho tornava-se cada vez mais descontente. Alguns conflitos chegaram de fato a se manifestar em uma das equipes da fábrica. Os gerentes que estiveram céticos em relação à experiência começaram a se questionar quanto à capacidade dos "trabalhadores" em lidar com responsabilidades "gerenciais". Alguns funcionários insatisfeitos começaram a prestar atenção a propostas sindicalistas. Alguém na sede da empresa sugeriu que eles "puxassem a tomada" do novo método operacional antes que a situação escapasse ao controle.

Como é tão freqüente, algumas pessoas na fábrica haviam diagnosticado corretamente o problema, mas outras não davam a menor atenção a elas. O gerente da fábrica por fim conversou com praticamente um por um, e depois concluiu que um especialista júnior em relacionamentos com funcionários tinha a melhor explicação para o fato da produção ter estacionado em 75%. Basicamente, o jovem disse:

> Nós pegamos 200 pessoas, entre gerentes e funcionários, e as colocamos em uma situação diferente de tudo o que eles experimentaram antes. Todos eles, especialmente os mais velhos, possuem alguns hábitos adquiridos com o passar dos anos que não são mais importantes, às vezes até contraproducentes. Muitos de nossos operários aprenderam técnicas relativamente sofisticadas associadas à isenção de responsabilidades. Nenhum deles sabe muito sobre produzir eficientemente em equipes no local de trabalho. A maior parte de nossos gerentes tem sido orientada durante cinco até trinta e cinco anos de experiência que seu trabalho é tomar decisões, e não investir outras pessoas de *empowerment*. O treinamento que recebemos para lidar com essa nova situação parece, em retrospectiva, extremamente insuficiente. Como a maioria de nós queria muito tornar a nova fábrica um sucesso, trabalhamos muito durante o início. De certa forma, nós compensamos nossa falta de experiência com um esforço extra. Porém, essa não é uma solução a longo prazo e, em seguida, ficamos exaustos e frustrados.

Hoje em dia, esse problema é visto freqüentemente nos principais projetos de reengenharia. É fornecido o treinamento, mas não é suficiente, não é do tipo correto ou não é realizado na época certa. A expectativa é de que as pessoas modifiquem seus hábitos adquiridos ao longo dos anos ou décadas com apenas cinco dias de treinamento. As pessoas aprendem habilidades técnicas mas não as habilidades sociais ou atitudes necessárias para que a nova organização funcione. As pessoas freqüentam um curso antes de iniciarem suas novas funções, mas não o acompanhamento para auxiliá-las na solução dos problemas que encontrarem ao executar esses trabalhos.

Eu acho que há duas razões comuns para cairmos nessa armadilha. Primeiro, em geral nós não analisamos cuidadosamente quais os novos comportamentos, técnicas e atitudes que serão necessários quando as grandes mudanças começarem. Como conseqüência, não reconhecemos qual o tipo e a quantidade de treinamento necessários para ajudar as pessoas a assimilarem esses novos comportamentos, técnicas e atitudes. Segundo, nós às vezes realmente reconhecemos o que é preciso, mas quando traduzimos isso em tempo e dinheiro, somos surpreendidos pelos resultados. Como alguém pode justificar o envio de 10.000 pessoas a um treinamento de dois dias? Ou gastar o equivalente a 3 milhões de dólares em um projeto especial de educação?

Duas das transformações mais bem-sucedidas do mundo, em meados da década de 80, envolveram empresas aéreas européias que enviaram dezenas de milhares de pessoas a sessões de treinamento de dois dias e gastaram milhões de dólares no processo. Em ambos os casos, as companhias estavam em busca de novas visões de prioridade ao cliente. Nas duas situações, as coalizões administrativas concluíram que era fundamental mudar determinadas atitudes para a implementação das visões e estratégias. O curso de dois dias, muito bem projetado por uma empresa de consultoria dinamarquesa, não foi concebido para ser uma panacéia para todos os problemas relacionados a comportamento, técnicas e atitudes. Em vez disso, uma série de preleções e exercícios simplesmente demonstraram como o comportamento que "coloca as pessoas em primeiro lugar" era gratificante, dentro e fora do trabalho. Todos os fatos que vi sugerem definitivamente que esse treinamento constituiu um fator fundamental na capacitação dos funcionários para se colocar em prática as novas visões. E assim, as duas companhias aéreas emergiram do processo como concorrentes mais fortes e bem-sucedidos.

Assim como na situação anterior, o treinamento de atitudes é em geral tão importante quanto o treinamento técnico. No século passado, milhões de funcionários sem cargos administrativos aprenderam com suas empresas e sindicatos a não aceitarem muita responsabilidade. Para muitas dessas pessoas, você não pode dizer apenas "OK, você agora foi investido de *empowerment*, vá em frente." Alguns simplesmente não acreditarão em você, alguns irão imaginar que é algum truque e outros não se acharão capazes. Novas experiências são necessárias para apagar crenças destrutivas, e um pouco disso pode ser feito eficientemente com treinamento.

Eu não acho que todas as empresas devem gastar milhões em planos educativos durante as tentativas de uma grande mudança. Em alguns casos, grandes investimentos em treinamento são desnecessários porque as pessoas não estão sendo solicitadas a aprender técnicas, comportamentos ou atitudes significativamente novos. Em muitos casos, projetos inteligentes de experiências educativas podem produzir um impacto maior pela metade ou menos do custo dos métodos convencionais. Eu acredito também que o treinamento pode facilmente tornar-se uma experiência de efeito contrário se a mensagem implícita for "cale a boca e faça dessa maneira" ao invés de "iremos delegar mais, por isso estamos oferecendo este curso para ajudá-lo com suas novas responsabilidades".

O ponto é: pode ser necessário um pouco de treinamento nesse estágio de uma transformação, mas ele precisa ser o tipo certo de experiência. Injetar dinheiro no problema nunca é uma boa idéia, nem reprimir as pessoas.

Alinhamento dos Sistemas com a Visão

"Nós fizemos tudo", um gerente me diz, "mas eles simplesmente continuam a resistir."

"Está certo", eu digo, "fale-me mais."

"Nós trabalhamos bastante para desenvolver uma concepção fantástica do que desejávamos nos tornar. Comunicamos essas idéias infinitamente por intermédio de todos os mecanismos que pudemos imaginar. Reorganizamo-nos no ano passado para tornar a estrutura condizente com o novo conceito. Sempre que necessário, oferecemos novo treinamento às pessoas. Tudo isso exigiu muito tempo e energia, mas nós conseguimos."

"Então qual é o problema?"

"Muitas pessoas ainda estão conduzindo os negócios da forma antiga", ele reclama.

"Por que você acha que isso acontece?"

"Estou começando a suspeitar que é inerente ao ser humano resistir à mudança."

"Se você ganhasse 10 milhões na loteria", eu pergunto, "você se recusaria a aceitar o dinheiro?"

"Você está brincando?"

"Mas é evidente que, quando as pessoas ganham muito dinheiro, suas vidas mudam significativamente."

"E daí?"

"E daí que você está me dizendo que não resistiria a essa mudança."

"Tudo bem", ele diz. "Então talvez as pessoas não resistam a todos os tipos de mudanças."

"Quando elas não resistem?"

"Eu suponho que quando elas percebem ser do seu total interesse."

"E os seus sistemas de recursos humanos satisfazem os interesses das pessoas na implementação da sua nova visão?"

"Os sistemas de recursos humanos?"

"Reconhecimento do desempenho, recompensas, promoções, planejamento de sucessões. Eles estão alinhados com a nova visão?"

"Bem, talvez não inteiramente."

A análise dos sistemas de recursos humanos dessa empresa revela:

- A forma de avaliação do desempenho não tem praticamente nada a ver com os clientes; ainda assim, ela está no centro da nova visão.
- As decisões de recompensa baseiam-se muito mais em não cometer erros do que em criar mudanças úteis.
- As decisões de promoções são tomadas de uma forma altamente subjetiva e parecem ter, na melhor das hipóteses, uma relação restrita com o esforço de mudança.

- Os sistemas de recrutamento e seleção são de uma década atrás e só apóiam a transformação em aspectos mínimos.

Uma análise mais avançada também mostra que os sistemas de informações gerenciais não mudaram muito para ajudar a transformação; da mesma forma que o processo de planejamento estratégico, que ainda se concentra demais em informações financeiras de curto prazo e muito pouco em análises de mercado/concorrência.

Durante a primeira metade de um grande esforço de mudança, devido a restrições de tempo, energia e/ou capital, você não consegue alterar tudo. As barreiras associadas à cultura da organização, por exemplo, são extremamente difíceis de se remover completamente até o fim de cada projeto de mudança, após estarem nítidas as melhorias de desempenho. Os sistemas são mais fáceis de mudar; porém, se você tentasse solucionar cada pequena inconsistência entre a nova visão e os atuais sistemas, simplesmente fracassaria. Antes de serem estabelecidas algumas sólidas conquistas a curto prazo, a coalizão administrativa raramente tem o ânimo ou o poder para realizar uma grande mudança. No entanto, quando os incentivos e processos incorporados e estabelecidos estão seriamente em desacordo com a nova visão, você deve lidar com esse fato de maneira direta. Evitar o problema provoca o enfraquecimento dos funcionários e põe em risco o sucesso da mudança.

P: Com qual freqüência os sistemas, especialmente os sistemas de recursos humanos, atrapalham o processo de mudança?
R: Muito freqüentemente.

A história em geral deixa o pessoal de recursos humanos em funções altamente burocráticas que desencorajam a liderança e tornam a modificação das práticas de recursos humanos um grande desafio. A ruptura desses padrões não é nada fácil. Mesmo assim, em transformações bem-sucedidas, eu vejo cada vez mais homens e mulheres de RH ousados ajudando a oferecer a liderança necessária para a mudança dos sistemas a fim de se adequarem a uma nova visão. Em certos casos, eles fazem isso independentemente do pouco estímulo dos gerentes de linha ou mesmo dos seus colegas de setor. Eles o fazem porque se preocupam muito com os funcionários e têm horror às conseqüências de esforços de mudança executados precariamente.

Como Lidar com Supervisores Problemáticos

Frank não parece compreender. Disseram a ele diversas vezes que a empresa está tentando se tornar mais inovadora, pois a criatividade é o que realmente conta no seu ramo de atividade. Porém ele se recusa a mudar um estilo autoritário que sufoca a iniciativa e a criatividade tão rápido quanto o dióxido de carbono apaga o fogo. Observando-o trabalhar, você fica imaginando se ele não se formou em diminuição de poderes. "Nós tentamos isso antes", ele diz repetidas vezes. "Você precisa analisar melhor as possibilidades de não dar certo", ele diz aos seus funcionários. "Nós não temos tempo para isso, simplesmente faça-o, por favor." "Sim, sim, isso é muito interessante, mas... Não, não envie o relatório para outros setores; as pessoas não precisam dessa informação." "Por favor, Marta, da próxima vez confirme primeiro comigo antes de fazer qualquer coisa."

Frank chefia um departamento com cerca de cem funcionários. As ondas da mudança molham a sua porta, param e, em seguida, regressam ao mar. Alguns de seus funcionários tentam apoiar o programa de renovação empresarial, a despeito do maior empenho de Frank. Mas a maior parte não. Alguns tentaram inicialmente e, em seguida, desistiram. Alguns, assim como Frank, simplesmente não entendem. Outros são cautelosos e políticos, seguindo o exemplo do chefe.

Os fanáticos pela mudança tendem a infernizar Frank, mas ele não é de fato uma má pessoa. Até certo ponto, como todos nós, ele é um produto de sua história. Ele aprendeu cedo o exercício da autoridade e, como esse comportamento parecia funcionar e ajudá-lo a subir na empresa, ele desenvolveu um conjunto de hábitos profundamente enraizados.

Se o problema de Frank estivesse relacionado a apenas um único elemento isolado, a mudança viria muito mais facilmente. Porém esse não é o caso. Ele possui dezenas de hábitos inter-relacionados que compõem um estilo gerencial. Caso ele altere apenas um aspecto de seu comportamento, todos os outros elementos inter-relacionados tenderão a exercer uma grande pressão sobre ele para que aquela porção modificada de seu comportamento volte a ser como antes. O que ele precisa é alterar todos os hábitos como um todo, mas isso pode ser tão difícil quanto parar de fumar, beber e comer comidas gordurosas, tudo ao mesmo tempo.

O fato de Frank não acreditar inteiramente na nova visão de "inovação" torna tudo isso ainda mais difícil, assim como o fato de ele não estar totalmente seguro do que precisaria para ajudar a implementar essa visão. Além disso, como todos nós, ele é perito em racionalizar a situação de forma que, do seu próprio ponto de vista, ele parece um bom cidadão a serviço da empresa enquanto os outros são políticos, interesseiros ou incompetentes.

Pessoas como Frank parecem existir em todos os casos de reengenharia, reestruturação ou mudança estratégica. Se eles existirem em número suficiente, ou se eles estiverem encarregados de funcionários suficientes, poderá haver um grande problema. Se pessoas particularmente poderosas como Frank não forem enfrentadas no início do processo de mudança, elas podem prejudicar todo o projeto.

Já vi muitos casos em que três ou quatro participantes-chave eram do tipo de Frank. Em vez de enfrentar o problema, um agente de mudança entusiasmado e alguns de seus colegas arrastaram essas pessoas pelos estágios 1 a 4 de uma transformação. Porém, no estágio 5, a recusa desses supervisores a ceder e investir de *empowerment* seus funcionários finalmente interrompeu um intenso esforço.

Uma das principais razões pelas quais os Franks da vida não são enfrentados é que os outros temem que essas pessoas não possam mudar; no entanto, estão despreparados para rebaixá-las de função ou despedi-las. Às vezes o despreparo para agir é guiado pela culpa, especialmente se as pessoas em questão forem amigas ou antigos mentores. As considerações políticas também exercem um papel importante nessas situações. As pessoas temem que, se acontecer uma batalha, os Franks poderão ser suficientemente poderosos para vencer, quem sabe até provocando a saída dos agentes da mudança. Em muitas outras situações, a relutância para agir está ligada aos bons resultados a curto prazo trazidos por pessoas como Frank.

Normalmente não existem soluções fáceis para esse tipo de problema. Em confronto com essa realidade, os administradores algumas vezes inventam estratégias políticas incrivelmente complicadas. Eles tentam encurralar os Franks em um canto no qual eles podem ser contidos ou destruídos. Freqüentemente, o problema de tal método é ser lento e, se exposto à claridade, pode parecer terrível – indigno, cruel e injusto.

Pelo que tenho visto, a melhor solução para esse tipo de problema é em geral um diálogo honesto: aqui está o argumento do setor, da empresa, a nossa visão, a ajuda que precisamos obter de você e o espaço de tempo em que precisamos de tudo isso. O que podemos fazer para ajudá-lo a nos ajudar? Se realmente não houver mais como reverter a situação e a pessoa precisar ser substituída, isso se tornará nítido no início desse diálogo. Se a pessoa quiser ajudar mas se sentir bloqueada, a discussão poderá identificar soluções. Se a pessoa quiser ajudar mas for incapaz de fazê-lo, as expectativas mais claras e oportunas poderão tornar o seu afastamento menos controvertido. A franqueza natural desse método ajuda a superar a culpa. O diálogo racional e consciente também ajuda a minimizar o risco de que os bons resultados a curto prazo repentinamente se tornarão ruins, ou de que Frank e outros como ele serão capazes de lançar um contra-ataque político bem-sucedido.

Culpa, considerações políticas e preocupações com resultados a curto prazo impedem o tempo todo que as pessoas tenham discussões honestas desse tipo. Mais tarde, os executivos geralmente lamentam não terem enfrentado gerentes problemáticos no início do processo. Já ouvi centenas de vezes: “Eu devia ter lidado com fulano muito antes.”

Um despreparo para enfrentar gerentes como Frank é comum em esforços de mudança. Ele raramente ajuda. Esses opositores bloqueiam a ação necessária e, mais importante ainda, os outros percebem que essas pessoas não estão sendo enfrentadas e ficam desestimuladas. Funcionários desestimulados não criam as vitórias a curto prazo que são vitais para impulsionar um esforço de transformação. Funcionários desestimulados não ajudam a administrar o grande número de projetos de mudança que normalmente são necessários em uma transformação. Em vez disso, eles desistem muito antes de você ter atingido o seu objetivo e incorporado os novos métodos à cultura da empresa.

- **Comunique uma visão sensível aos funcionários:** Se os funcionários tiverem um senso comum de propósito, será mais fácil iniciar ações que visem a alcançar esse propósito.
- **Crie estruturas compatíveis com a visão:** Estruturas desalinhadas bloqueiam a ação necessária.
- **Ofereça o treinamento de que os funcionários necessitam:** Sem as técnicas e atitudes corretas, as pessoas sentem-se desencorajadas.
- **Alinhe os sistemas de informações e de pessoal com a visão:** Sistemas desalinhados também bloqueiam a ação necessária.
- **Enfrente os supervisores que atrapalham a mudança necessária:** Nada desestimula mais as pessoas do que um chefe ruim.

Figura 7.3
Como Investir de *Empowerment* as Pessoas para Efetuar a Mudança

Abertura de uma Imensa Fonte de Poder

Funcionários enfraquecidos e destituídos de *empowerment* nunca tornam as empresas vencedoras em um ambiente econômico em globalização. Mas com a estrutura, treinamento, sistemas e supervisores certos para a construção de uma visão bem comunicada (ver Figura 7.3), um crescente número de empresas está descobrindo que pode abrir uma enorme fonte de poder para melhorar o seu desempenho organizacional. Elas podem mobilizar centenas ou milhares de pessoas a fim de que ajudem a oferecer liderança para a produção de mudanças necessárias.

CAPÍTULO 8

Realização de Conquistas a Curto Prazo

Quando um dos executivos mais carismáticos e visionários que já conheci foi nomeado diretor de uma divisão de US$ 1,7 bilhão em uma grande empresa norte-americana, o nível de entusiasmo dos funcionários cresceu assustadoramente. Para muitos deles, o primeiro ano de gestão desse executivo comparava-se a uma dose de ar puro e fresco. De uma hora para outra, idéias arrojadas estavam sendo discutidas nas reuniões em vez das trivialidades ostensivas. As vacas sagradas foram tocadas dali, e qualquer um com informações válidas sobre os problemas ou oportunidades podia ser ouvido. Uma coalizão reuniu-se ao redor do novo líder e a equipe iniciou uma discussão sobre as mudanças na direção estratégica fundamental da empresa.

Surgia então a visão de uma empresa global poderosa, que iria explorar novas tecnologias para oferecer material de construção básico, de alta qualidade, por preços notadamente baixos. Na metade do segundo ano, a troca de informações sobre essa nova visão percorria cada parte da organização. No início do terceiro ano, mais e mais mudanças foram sendo feitas para ajudar a tornar essa visão uma realidade. Novos produtos foram lançados. Novos programas de treinamento foram introduzidos. Departamentos foram reorganizados. Iniciou-se um enorme esforço de reengenharia no tocante às finanças. Um executivo-chave aposentou-se antecipadamente. Cerca de US$ 500 milhões foram gastos em uma importante aquisição. Toda essa atividade era exaustiva. Até a imprensa estava adorando tudo isso: no meio do terceiro ano, quatro publicações diferentes circularam artigos com elogios sobre as mudanças que estavam ocorrendo na empresa.

Essa história me impressionou muito. Não que eu não tivesse visto algumas bandeirinhas vermelhas. A coalizão principal em torno do nosso herói na realidade nunca esteve muito ligada à matriz da corporação. Grande parte do que ele estava realizando estava no caminho certo, tanto que, se me perguntassem durante o terceiro ano, eu teria dito que essa empresa se tornaria líder no setor dentro dos próximos quatro anos. Eu não poderia imaginar que o processo de transformação iria se desviar do seu objetivo.

Eu estava enganado.

Para encurtar a história, no meio do quarto ano, o líder carismático foi demitido. Durante os doze meses seguintes, muitas das suas iniciativas fracassaram e desapareceram. Durante esse período, provavelmente dois ou três outros gerentes foram obrigados a sair da empresa, e pelo menos meia dúzia de outros saíram espontaneamente. O moral dos funcionários desabou. Os resultados financeiros na realidade tiveram uma melhora por alguns trimestres, antes de iniciar uma longa queda. Enquanto eu escrevia este livro, a divisão ainda estava de pernas para o ar.

Graças aos levantamentos feitos, os erros puderam ser localizados de forma fácil. Apenas um executivo na matriz da corporação fazia parte da coalizão principal, e ele não era, particularmente, um indivíduo influente. Na metade do segundo ano, as pessoas que discordavam da coalizão foram ignoradas, mesmo que estivessem tentando ajudar. Porém, o pior erro foi que não se deu a atenção devida aos resultados de curto prazo. As pessoas estavam tão envolvidas pelos sonhos grandiosos que não podiam gerenciar de modo eficaz a realidade do momento. Quando os críticos pediram evidências de que toda essa atividade estava levando a empresa na direção certa, com exceção de alguma melhoria de desempenho, se é que houve, nada de convincente foi oferecido. Quando a coalizão acusou os descontentes de estarem cansados e sem visão, a matriz tornou-se cautelosa. Quando a divisão não errou, por pouco, quase todas as projeções financeiras no terceiro ano, sem avisar à matriz com antecedência, o executivo principal tornou-se incrédulo. Quando a divisão perdeu dinheiro no segundo trimestre do quarto ano, novamente sem nenhuma notificação prévia, o carismático diretor da divisão foi demitido.

Algumas pessoas dentro e fora dessa empresa ainda acham que o executivo principal cometeu um terrível engano. Elas podem estar certas. Mas o carismático gerente geral da divisão cometeu um grave erro. Ao negligenciar a ênfase nos resultados a curto prazo, ele não fomentou a credibilidade necessária para sustentar seus esforços a longo prazo.

Grandes alterações precisam de tempo, algumas vezes muito tempo. Os crédulos normalmente seguem em frente, não importando o que aconteça. A maioria de nós espera ver evidências convincentes de que todos os esforços são válidos. Os incrédulos necessitam de provas ainda maiores. Eles querem ver dados claros que indiquem se as alterações estão funcionando e se o processo de mudança não está absorvendo muitos recursos, a curto prazo, a ponto de colocar a organização em risco.

Colocar em prática esforços de transformação sem prestar a atenção devida às conquistas a curto prazo é extremamente arriscado (ver Figura 8.1). Algumas vezes você tem sorte; os resultados visíveis simplesmente acontecem. Outras vezes a sua sorte dá as costas para você, como ocorreu com o visionário gerente geral da divisão.

Exemplo de Utilidade das Conquistas a Curto Prazo

Uma empresa de seguros vem desempenhando um esforço de reengenharia tremendo. Cientes de que o projeto levará pelo menos quatro anos para ser concluído, os que participam da coalizão administrativa se perguntam: "Como poderemos projetar e atingir melhorias de desempenho inequívocas de seis a dezoito meses?" Analisando com cuidado, eles identificaram três áreas: um departamento no qual os custos poderiam ser reduzidos de forma significativa dentro de um ano, uma melhoria de processo que se tornaria rapidamente visível e apreciada pelos clientes e uma pequena reorganização que elevaria o moral de um

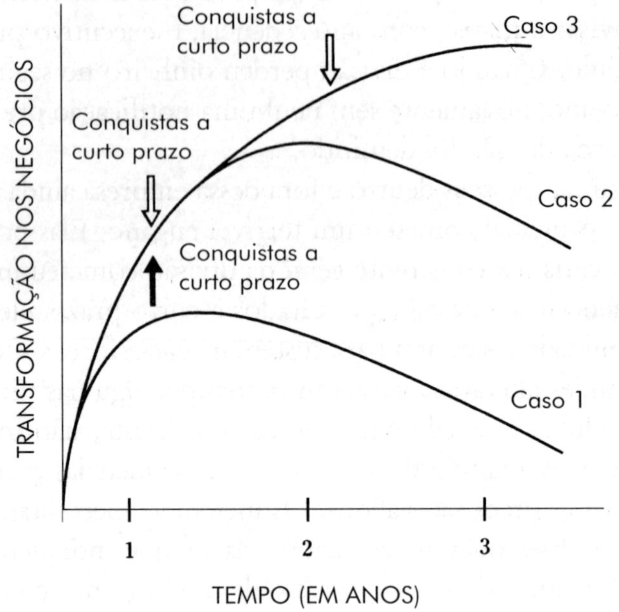

Caso 1: Sem conquistas a curto prazo
Caso 2: Conquistas a curto prazo em cerca de 1 ano e dois meses, mas nenhuma um ano depois
Caso 3: Conquistas a curto prazo em 1 ano e dois meses e 2 anos e 2 meses

Figura 8.1
A Influência das Conquistas a Curto Prazo na Transformação dos Negócios

grupo. Para cada uma das três áreas, objetivos e planos específicos são incluídos no orçamento operacional bianual da empresa. Um dos integrantes da coalizão tem a responsabilidade de monitorar todos os três pontos. Em reuniões do comitê executivo, pelo menos uma vez a cada dois meses, todos os três miniprojetos são analisados.

A concretização dessas melhorias de desempenho dentro de um curto cronograma constituía um desafio. A gerência de nível médio tentava postergar a reorganização. Mesmo os mais fiéis a cargo da tarefa de reengenharia queriam diminuir a marcha do processo de melhorias que se tornariam visíveis aos clientes. Para complicar tudo isso, os sistemas de informações da empresa nem sempre executam um levantamento correto dos dados nos quais podem ser vistas as melhorias. Se ninguém tivesse gerenciado de fato essas questões de desempenho, a empresa, nesse caso, provavelmente nunca teria contado com três conquistas não ambíguas a curto prazo. Diversas pressões teriam levado a atrasos ou modificações no planejamento. Os sistemas existentes teriam falhado ao levantar os dados necessários para mostrar claramente os ganhos.

Mesmo com essas conquistas, os céticos conseguiram encontrar algumas evidências de que a reengenharia seria muito dispendiosa, muito lenta ou simplesmente malconduzida. Apesar disso, as melhorias de desempenho serviram para acabar com o entusiasmo deles. A criação dessas conquistas também forneceu à coalizão administrativa um *feedback* concreto sobre a validade da sua visão. E para aqueles que estavam trabalhando duro demais para executarem mudanças significativas, o planejamento de resultados a curto prazo oferecia diretrizes que eles podiam usar como referência enquanto as conquistas reais lhes davam uma oportunidade de obter reconhecimento.

A Natureza e o Momento Oportuno das Conquistas a Curto Prazo

O tipo de resultados requeridos na etapa 6 de um processo de transformação é visível e inequívoco. As sutilezas não ajudam em nada. Apelos mais diretos também não.

Realizar uma boa reunião normalmente não se classifica como o tipo de conquista não ambígua necessária nessa fase, nem fazer com que duas pessoas parem de brigar, nem produzir um novo *design* que o gerente de engenharia acha maravilhoso, muito menos enviar 5.000 cópias para a empresa toda de um texto contendo a abordagem de uma nova visão. Qualquer uma dessas ações pode ser importante, mas nenhuma é um bom exemplo de uma conquista a curto prazo.

Uma verdadeira conquista a curto prazo tem pelo menos as três características a seguir:

1. Ser visível; um grande número de pessoas pode ver por elas mesmas se o resultado é real ou apenas alarde.

2. Ser não ambíguo; pouco se pode discutir sobre o apelo.

3. Ser claramente relacionado ao esforço da mudança.

Quando um esforço de reengenharia promete que as primeiras reduções de custo virão em doze meses e elas ocorrem conforme a previsão, isso representa uma vitória. Quando a reorganização, no começo de uma transformação, reduz a primeira fase do ciclo de desenvolvimento do novo produto de dez para três meses, é uma vitória. Quando a assimilação de uma aquisição é tão bem executada que a *Business Week* resolve publicar uma história de cortesia, também é uma vitória.

Em pequenas empresas ou em pequenas divisões das empresas, os primeiros resultados são necessários, com freqüência em seis meses. Em grandes organizações, algumas vitórias inequívocas são necessárias dentro de um ano e meio. A despeito do tamanho, isso significa que provavelmente você ainda não está fora da maioria dos estágios iniciais quando a fase 6 tem que trazer algum resultado.

P: Mas a operação em estágios múltiplos ao mesmo tempo não é complicada?
R: Sim. Mas isso é o que ocorre nos casos de sucesso de grandes mudanças.

O Papel das Conquistas a Curto Prazo

As melhorias de desempenho a curto prazo ajudam nas transformações em pelo menos seis modos (conforme resumido na Figura 8.2). Em primeiro lugar, elas reforçam o esforço necessário. Elas mostram às pessoas que os sacrifícios valem a pena, que elas estão se fortalecendo.

Em segundo lugar, para aqueles que estão comandando a mudança, essas pequenas vitórias oferecem uma oportunidade de relaxar por uns poucos minutos e celebrar. A tensão constante por longos períodos de tempo não é saudável para as pessoas. A pequena celebração que se segue à vitória pode ser boa para o corpo e para a alma.

Em terceiro lugar, o processo de produzir vitórias a curto prazo pode ajudar a coalizão administrativa a testar a sua visão em condições

- **Fornecer provas de que os sacrifícios valem a pena:** As conquistas ajudam muito a justificar os custos envolvidos a curto prazo.
- **Reconhecer os agentes da mudança:** Após muito trabalho árduo, um *feedback* positivo eleva o moral e a motivação.
- **Ajudar a sintonizar a visão e as estratégias:** As conquistas a curto prazo oferecem à coalizão administrativa dados concretos sobre a viabilidade de suas idéias.
- **Desencorajar os cínicos e os resistentes que atuam em causa própria:** As melhorias claras no desempenho dificultam o bloqueio das mudanças necessárias.
- **Manter os chefes no seu lugar:** Fornecer aos que ocupam cargos mais altos na hierarquia evidências de que a transformação está no caminho certo.
- **Criar motivação:** Transformar pessoas neutras em aliados, os aliados relutantes em auxiliares ativos, etc.

Figura 8.2
O Papel das Conquistas a Curto Prazo

reais. O que é aprendido nesses testes pode ser extremamente valioso. Algumas vezes a visão não está totalmente correta. Na maioria das vezes as estratégias precisam de alguns ajustes. Sem o esforço concentrado para produzir vitórias a curto prazo, esses problemas podem vir a ser revelados tarde demais no jogo.

Em quarto lugar, as melhorias rápidas de desempenho minam os esforços dos céticos e do grupo de resistência. As vitórias não necessariamente calam todas essas pessoas (o que provavelmente é bom, uma vez que a diversidade de opiniões pode evitar que uma empresa caminhe cegamente para um abismo), mas retiram um pouco da munição dos oponentes e fazem com que se torne mais difícil atingir aqueles que estão tentando implementar as mudanças necessárias. Como regra geral, quanto mais céticos e grupos de resistência houver, mais importantes são as vitórias a curto prazo.

Em quinto lugar, os resultados visíveis ajudam a manter o suporte essencial aos chefes. Desde a gerência de nível médio até a diretoria, se os que estão hierarquicamente acima em um esforço de transformação perderem a fé, isso representa um grave problema.

Por fim, e talvez de uma forma geral, as vitórias a curto prazo ajudam a criar um clima necessário. Os que estão em cima do muro passam a apoiar, os aliados ainda relutantes passam a ser participantes ativos e assim por diante. Esse incentivo é fundamental, porque, como veremos no próximo capítulo, a energia necessária à conclusão da etapa 7 em geral é enorme.

Planejamento e Esperança nos Resultados

As transformações algumas vezes saem dos trilhos porque as pessoas simplesmente não apreciam o papel que as rápidas melhorias de desempenho representam em um esforço de mudança. Todavia, muitas vezes o esforço é minado porque os gerentes não planejam sistematicamente a criação de conquistas a curto prazo.

"Então que tipo de evidências você acha que veremos, dentro de dois anos, de que isso está no caminho certo?", pergunto eu.

"Há quatro ou cinco possibilidades", responde um membro da coalizão administrativa.

"Possibilidades?", eu pergunto.

"Sim. Com um pouco de sorte, os custos irão baixar de forma significativa tanto nas áreas de processamento de pedidos quanto no grupo de atendimento de pedidos."

"Com um pouco de sorte", respondo.

"Se o marketing puder agir rápido o bastante, poderemos ver alguns aumentos reais de receita nesse período devido às novas estratégias de nichos de mercado."

"Será?"

"Sim. E é possível, eu suponho, que a nova agência de publicidade – estamos selecionando uma agora – terá implementado o suficiente da estratégia de TV para mostrar algumas melhorias mensuráveis com relação à fatia de mercado."

"Isso é possível?"

"Sim, qualquer uma dessas coisas pode acontecer."

Em esforços de mudança altamente bem-sucedidos, você não ouve muitos diálogos assim. As vitórias a curto prazo não surgem como resultado da sorte. Elas não são meras possibilidades. As pessoas não sentam e rezam por melhorias de desempenho. Elas planejam as vitórias a curto prazo, organizam tudo e implementam o plano para que as coisas aconteçam. O ponto principal é não maximizar os resultados a curto prazo às custas do futuro. A questão é certificar-se de que os resultados visíveis possam emprestar credibilidade suficiente ao esforço de transformação.

P: Parece óbvio. Então por que é que nem todos o fazem?
R: Por pelo menos três razões.

Primeiro, as pessoas não planejam o suficiente essas vitórias porque elas estão sobrecarregadas. Normalmente a taxa de urgência não foi colocada no alto o suficiente, ou a visão não está clara. Como conseqüência, a transformação não vai bem e as pessoas começam a se atropelar para que as coisas fiquem certas. Com todo o pânico, o planejamento a curto prazo não recebe tempo nem atenção suficientes.

Em outros casos, as pessoas nem mesmo tentam com afinco trabalhar para obter essas vitórias porque acreditam que não é possível conseguir uma grande mudança *e* ao mesmo tempo alcançar excelentes resultados a curto prazo. Milhares de gerentes aprenderam que a vida nas organizações é uma constante concessão entre curtos e longos prazos. Nesse tipo de pensamento, você pode se concentrar no futuro e assumir seu fardo agora ou pode optar por ir bem agora e deixar o futuro para quem quiser pensar nele. De acordo com essa linha de pensamento, a execução de um programa de grande mudanças significa dirigir as expectativas para um longo prazo, o que por sua vez significa esperar que os resultados de curto prazo sejam problemáticos. Com certeza, você ainda precisará prestar atenção ao futuro imediato, mas não poderá planejar grandes resultados. É impossível, simplesmente.

Há dez anos eu poderia ter concordado com esse ponto de vista. Mas ultimamente eu tenho visto muitas evidências que o contradizem. Nas palavras de um renomado executivo: "O trabalho gerencial é vencer no curto prazo e ao mesmo tempo garantir que se estará em uma posição ainda mais forte para vencer no futuro." Na década passada, observei dezenas de empresas que agiam de ambas as maneiras. Elas se transformaram em organizações melhores para o futuro e produziam bons resultados a cada trimestre.

Um terceiro elemento que mina o planejamento para as conquistas necessárias é a falta de gerenciamento suficiente, em particular na coalizão administrativa, ou a falta de comprometimento por parte dos gerentes principais no processo de mudança. Em maior escala, a liderança trabalha com os longos prazos e a gerência, com o futuro imediato. Sem um bom gerenciamento, o planejamento, a organização e o controle dos resultados não são suficientes.

Sem um gerenciamento competente, em geral ocorrem pensamentos inadequados na questão do dimensionamento. Dessa forma, os sistemas de informações existentes não registram melhorias de desempenho importantes ou então subestimam seu tamanho. Sem um gerenciamento competente, as opções táticas são mascaradas ou mal implementadas. As aquisições são feitas na base do impulso em vez do suporte racional da visão. A seqüência de eventos – fazemos a reestruturação esse ano ou após os esforços de qualidade estarem mais adiantados – não obtém atenção suficiente.

Devido a toda a ênfase dada ao gerenciamento no século XX, na maioria das organizações – com exceção de novas e pequenas empresas – é raro faltar essa perspectiva. Até certo ponto, as pequenas empresas podem passar sem muito planejamento ou controle. Se o fundador da empresa for um visionário que não goste de estruturas (o que não é uma situação incomum), ele ou ela poderá resistir ao avanço do pensamento gerencial, o que pode se tornar um problema nesse estágio de um esforço de transformação.

Em empresas maiores e mais antigas, o problema do gerenciamento insuficiente está tipicamente associado tanto a um novo e forte líder que ignora seus gerentes quanto à falta de comprometimento por parte desses gerentes com relação à transformação. A primeira afirmativa ocorreu no caso do carismático diretor de divisão que acabou perdendo seu emprego. No fundo do seu coração, ele achava que as pessoas que mantinham o sistema atual funcionando tinham uma importância limitada. Ele nunca disse isso na realidade, mas era possível ler nas entrelinhas. Portanto, quando algumas dessas pessoas tentaram avisá-lo sobre os problemas econômicos de curto prazo, ele na maioria das vezes as ignorou.

Encontra-se freqüentemente uma falta de comprometimento com a mudança, por parte dos gerentes de uma empresa grande e antiga, quando os estágios anteriores de uma transformação não são bem trabalhados. Sem nenhum senso de urgência, uma falta de gerentes-chave na coalizão administrativa, a falha em comunicar bem a visão efetiva e poucos esforços dedicados ao amplo *empowerment* dos funcionários, as pessoas nas empresas super e subgerenciadas tendem a cruzar os braços durante a mudança, especialmente os gerentes que poderiam ser peças importantes na obtenção de resultados a curto prazo.

Um Pouco Mais de Pressão Não Faz Mal a Ninguém

Programar conquistas a curto prazo durante um esforço de transformação aumenta a pressão sobre as pessoas. O argumento é que essas demandas extras são inadequadas. "Já temos trabalho suficiente", dizem elas, "sem mais sobrecargas. Dê-nos um tempo."

Essa maneira de pensar tem os seus méritos. Entretanto, com mais freqüência do que eu imaginava, descobri que a pressão a curto prazo pode ser uma forma útil de manter a taxa de urgência. Um ano ou dois de um programa de mudanças significativas, com o final ainda distante, e as pessoas naturalmente tendem a se deixar abater. Elas começam a pensar: "Se isso vai durar mais quatro anos, um pequeno aumento para quatro anos e três meses não vai fazer mal." No entanto, assim que a taxa de urgência diminui, tudo fica muito mais difícil de realizar. As tarefas menores, que eram concluídas em um mês, de repente levam um tempo três vezes maior.

Naturalmente, a pressão nem sempre produz urgência. O encargo de produzir vitórias a curto prazo pode criar apenas *stress* e exaustão. Em esforços de mudança bem-sucedidos, os executivos aliam a pressão à urgência por intermédio da constante articulação entre visão e estratégias. "Isso é o que estamos tentando fazer, e é por isso que é tão importante. Sem essas conquistas a curto prazo, podemos perder tudo. Tudo que queremos fazer por nossos clientes, acionistas, funcionários e comunidades torna-se problemático. Portanto, temos que produzir esses resultados." Esse tipo de comunicação confere significado às dificuldades e anima as pessoas. Um ano a três anos de um esforço de mudança significativo, e os funcionários cansados muitas vezes precisam renovar a motivação.

Conquistas a Curto Prazo Não Significam Truques a Curto Prazo

Até certo ponto, todo gerenciamento é manipulação – e isso inclui a produção de melhorias de desempenho a curto prazo. Mas, em alguns casos, vimos essa manipulação ser levada a novos níveis, com um potencial cada vez maior tanto para coisas boas quanto ruins.

Para manter a motivação em um esforço de mudança maciço, Phil se transforma em um mágico da contabilidade. Ele amortiza aqui, deprecia ali, espreme um determinado grupo e vende alguns bens. O resultado líquido é uma linha de base que se eleva devagar, mas firmemente, a cada trimestre. A qualquer momento em que as pessoas criticam seu programa de mudanças, ele acena com os dados da receita líquida como se fosse um intrépido matador de vampiros com uma cruz. E a estratégia funciona, pelo menos por um tempo.

Magias contábeis desse tipo podem ser úteis em certas situações difíceis. Porém, os riscos envolvidos são substanciais. Primeiro, ela pode ser viciosa. Uma vez começado esse jogo, pode ser difícil parar. Truques a curto prazo podem causar problemas no futuro, que muitas vezes só podem ser cobertos com mais truques a curto prazo. Em segundo lugar, isso pode criar mais céticos e grupos de resistência entre os principais executivos, que são suficientemente sofisticados para ver o que está realmente acontecendo. Os céticos poderosos podem ser bastante desagregadores. Em terceiro lugar, isso pode alienar as pessoas que vêem a prática como uma coisa não muito ética.

Um pouco do risco associado pode ser eliminado se toda a coalizão administrativa discutir e concordar quanto ao uso desses métodos. Mesmo assim, resultados planejados raramente proporcionam uma base suficientemente forte sobre a qual se pode construir mais mudanças nas etapas 7 e 8. As vitórias a curto prazo que apóiam a transformação são normalmente genuínas. Elas não são o produto de fumaça e espelhos.

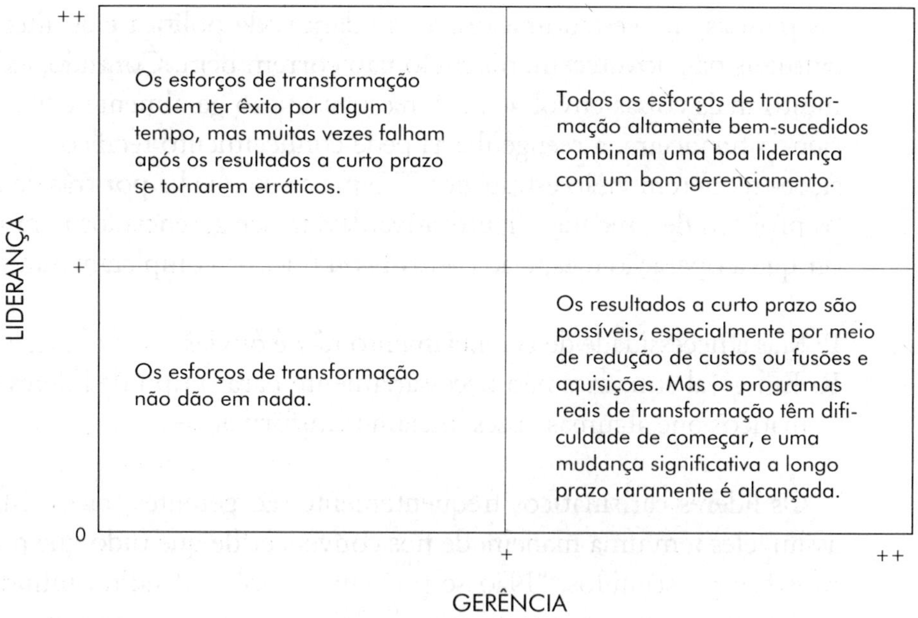

Figura 8.3
A Relação entre Liderança, Gerência, Resultados a Curto Prazo e Transformação Bem-sucedida

O Papel da Gerência

O estabelecimento sistemático de metas e seu orçamento, a criação de planos para atingir essas metas, a organização para a implementação e depois o controle do processo para mantê-lo nos trilhos – essa é a essência do gerenciamento. Tendo isso em mente, pode-se facilmente ver que a necessidade de criar conquistas a curto prazo em um esforço de transformação bem-sucedido demonstra um princípio importante: a transformação não é um processo que envolve apenas a liderança; o bom gerenciamento também é essencial. É necessário um equilíbrio entre os dois, conforme mostra a Figura 8.3.

Como os líderes estão no centro de qualquer esforço de mudança significativo, algumas vezes concluímos que a transformação é sinônimo de liderança. Certamente, sem uma liderança forte e capaz de muitas pessoas, as reestruturações, as mudanças de política e as alterações culturais não acontecem, ou então não correm bem. Contudo, existem muito mais coisas envolvidas. A reestruturação geralmente exige experiência financeira, a reengenharia pede conhecimento técnico e as aquisições requerem visão estratégica. E o processo que há por trás de todos os projetos de mudança significativa devem ser gerenciados para impedir que a operação escape ao controle ou fracasse completamente.

P: Mas a necessidade de gerenciamento não é óbvia?
R: Em geral sim, mas não necessariamente para o tipo de líderes carismáticos que algumas vezes iniciam transformações.

Os líderes carismáticos freqüentemente são gerentes fracos. Mesmo assim, eles têm uma maneira de nos convencer de que tudo que precisamos fazer é segui-los. "Não se preocupe com os detalhes mundanos; tenha em mente apenas a visão." "Não se preocupe muito com os aspectos financeiros; eles vão funcionar bem a longo prazo." Nosso intelecto é normalmente cético com esse tipo de abordagem, mas nossos corações podem ser conquistados apesar disso.

Não estou sugerindo que o carisma é ruim. As evidências mais claras mostram que o apelo pessoal pode ser extremamente útil em um esforço de transformação. Mas quando um líder carismático não é um bom gerente e não valoriza a capacidade gerencial nos outros, a obtenção de vitórias será, na melhor das hipóteses, problemática. Como resultado, a credibilidade e o impulso normalmente necessários para concluir a etapa 7 de uma transformação bem-sucedida raramente estarão presentes. Como veremos no próximo capítulo, a magnitude da mudança na fase 7 é muitas vezes enorme. Alterações dessa escala e âmbito nunca são feitas sem uma base sólida de credibilidade e forte movimento à frente.

De certa forma, a finalidade principal das seis primeiras fases do processo de transformação é criar uma força suficiente para explodir as barreiras de granito encontradas em muitas organizações. Quando ignoramos qualquer uma dessas etapas, colocamos em risco todos os nossos esforços.

Nas empresas com décadas de existência, as paredes de granito podem ser bem grossas. Às vezes, extremamente grossas.

CAPÍTULO 9

Consolidação de Ganhos e Produção de Mais Mudanças

Quando as pessoas se inscreveram para a reunião anual de gerência, elas receberam um pacote de material que incluía uma compilação de artigos de imprensa favoráveis dos doze meses anteriores. No jantar de abertura, o executivo principal agradeceu aos 110 executivos por tudo o que eles realizaram e acabou a noite com quatro brindes. Durante o primeiro dia completo de reunião, não menos do que seis oradores identificaram sucessos recentes e saudaram o público. Nessa noite, foram oferecidas placas comemorativas para quinze pessoas durante um jantar de premiação. Na manhã seguinte, apresentações sobre "as melhores ações" resultaram em mais tapinhas nas costas. Ao anoitecer, um famoso cantor proporcionou entretenimento ao grupo. Se tudo isso não fosse suficiente para alimentar os egos, o discurso de congratulação final do executivo principal foi.

Qualquer que fosse o senso de urgência existente no nível de gerência sênior, ela acabou na reunião. A mensagem implícita estava alta e clara. Podemos lidar com esse mercado difícil. É moleza. Veja tudo o que conseguimos recentemente. Estamos em grande forma. Portanto relaxe e aproveite a música.

É claro que ninguém realmente disse "relaxe" e o executivo principal estava bastante ciente de que ainda era necessário fazer muito mais para completar uma transformação que começara alguns anos antes. Tudo o que ele estava tentando fazer era agradecer a seus executivos e motivá-los com uma aprovação sincera. Mas a mensagem recebida pelo público foi de que o trabalho difícil de mudança estava superado.

Durante o ano seguinte, várias iniciativas de mudança nessa empresa foram suspensas ou atrasadas. A recomendação de um consultor para uma reorganização importante em uma divisão foi arquivada. A terceira fase de um esforço de reengenharia em outra divisão foi temporariamente adiada. Repentinamente, as pessoas começaram a ter desconfianças sobre alterações acordadas sobre as práticas do pessoal corporativo. Os banqueiros de investimento que estavam tentando se livrar de um negócio foram informados para fazer uma pausa. As questões identificadas anteriormente e indicadas para ação durante esse ano foram em sua maioria ignoradas. Quando os agentes-chave de mudança na gerência superior perceberam completamente o que estava acontecendo, boa parte do esforço realizado depois de três anos de trabalho duro estava perdida.

As mudanças principais geralmente levam um bom tempo, em especial nas grandes organizações. Muitas forças podem paralisar o processo bem perto da linha de chegada: a rotatividade dos agentes-chave de transformação, exaustão completa por parte dos líderes, má sorte. Nessas circunstâncias, as conquistas a curto prazo são essenciais para a manutenção do processo, mas a comemoração de tais conquistas pode ser letal se o senso de urgência for perdido. Com a complacência em alta, as forças da tradição podem ressurgir com um poder e velocidade notáveis.

Resistência: Sempre Esperando para se Reafirmar

A resistência irracional e política à mudança nunca é completamente dissipada. Mesmo que seja bem-sucedido nos primeiros estágios de uma transformação, normalmente você não vence o gerente egocêntrico que fica consternado quando uma reorganização invade seu território, ou o engenheiro de pensamento limitado que não consegue entender por que você quer passar tanto tempo se preocupando com os clientes, ou o executivo de finanças insensível que acha ridículo dar liberdade de ação aos funcionários. Você pode conduzir essas pessoas explícita ou implicitamente. Mas em vez de mudar ou sair da empresa, elas freqüentemente ficarão lá, esperando uma oportunidade para contra-atacar. Ao comemorar as conquistas a curto prazo, os agentes de mudança podem simplesmente dar essa oportunidade à oposição.

Às vezes, os opositores realmente organizam a comemoração, especialmente se eles forem espertos e cínicos. Depois de uma reunião estressante, verbalizam a mensagem implícita. Acho que isso prova que nós vencemos, eles dizem. Os sacrifícios foram significativos, mas nós conseguimos algo. Agora vamos todos ter um merecido descanso. Se as pessoas estiverem realmente cansadas, elas tenderão a ouvir, mesmo que saibam que ainda resta muito a ser feito. Elas pensam que um pouco de descanso e estabilidade não farão mal. Talvez umas férias nos deixem em melhor forma para a próxima fase.

As conseqüências de um erro aqui podem ser extremamente graves. Depois de observar diversos esforços de mudança importantes na última década, eu acredito em uma regra básica: *sempre que você pára antes de o trabalho estar concluído, o impulso decisivo pode ser perdido e o retrocesso pode surgir a seguir.* Até que as práticas de mudança atinjam um novo equilíbrio e tenham sido absorvidas pela cultura, elas podem ser muito frágeis. Três anos de trabalho podem se desfazer com uma rapidez impressionante. Uma vez que o retrocesso começa, reconstruir o impulso pode ser uma tarefa desanimadora, não sendo diferente de pedir às pessoas para se jogarem na frente de uma pedra enorme que já começou a rolar para baixo da montanha. Todos, exceto os entusiastas da mudança irão recuar dessa solicitação. Nessas circunstâncias, a capacidade humana de racionalizar é surpreendente: "Fiz minha parte; agora é a vez de Juan." "Talvez tenhamos ido longe demais, pode ser que um pouco de retrocesso seja bom."

O progresso pode desaparecer rapidamente por duas razões. Uma tem a ver com a cultura corporativa e eu falarei mais sobre ela no próximo capítulo. A segunda está diretamente relacionada ao tipo de interdependência maior que é criada por um ambiente em rápida transformação, interconexões que dificultam a mudança de qualquer item sem a mudança total.

O Problema da Interdependência

Todas as organizações são constituídas de partes interdependentes. O que acontece no departamento de vendas apresenta algum efeito no grupo de fabricação. O trabalho de pesquisa e desenvolvimento influencia o desenvolvimento de produto. As especificações de engenharia afetam o setor de fabricação. Entretanto, a quantidade de interdependência pode variar muito, de organização para organização, de acordo com uma série de fatores, e nenhum dos quais mais importante do que a competitividade no ambiente empresarial.

No tipo de mundo oligopolista benigno que existia em muitas indústrias importantes durante boa parte do século XX, o ambiente relativamente estável e próspero permitiu que as organizações minimizassem a interdependência interna. Grandes estoques em processamento absorveram várias seções de uma fábrica e proporcionaram um pouco de autonomia a cada uma. Estoques de bens manufaturados resguardaram o setor de fabricação contra ações do departamento de vendas. Um processo de desenvolvimento de produto linear e lento permitiu à engenharia, às vendas, à publicidade e à fabricação um certo grau de independência. A falta de um transporte melhor e de opções de comunicação proporcionou à operação Malásia uma liberdade considerável em relação ao escritório central em Nova York.

Esse modo de administrar um negócio está desaparecendo por diversas razões, principalmente por causa da maior competição. Com exceção de alguns monopólios, as organizações hoje não podem patrocinar grandes estoques, o desenvolvimento de produto lento e linear e uma operação estrangeira que segue seu próprio caminho. Hoje e num futuro previsível, a maioria das organizações precisa ser mais rápida, menos dispendiosa e mais preocupada com o cliente. Como resultado, as interdependências internas irão aumentar. As empresas estão descobrindo que sem grandes estoques, as várias partes de uma fábrica precisam ser coordenadas com um cuidado muito maior, que com a pressão para o lançamento de novos produtos mais rápido, os elementos de desenvolvimento de produtos precisam de muito mais integração e assim por diante. Mas essas novas interconexões complicam enormemente os esforços de transformação, porque as mudanças ocorrem com muito mais facilidade em um sistema de partes independentes.

Imagine entrar em um escritório e não gostar da forma como ele está organizado. Assim, você move uma cadeira para a esquerda. Coloca alguns livros em um aparador. Você consegue um martelo e muda um quadro de lugar. Tudo isso pode levar no máximo uma hora, uma vez que a tarefa é relativamente simples. De fato, modificar qualquer sistema de partes independentes normalmente não é difícil.

Agora, imagine entrar em um outro escritório onde uma série de cordas, grandes fitas de borracha e cabos de aço conectam os objetos uns aos outros. Primeiro, você teria problemas até para entrar na sala sem se enrolar. Depois de caminhar vagarosamente até a cadeira, você tenta movê-la, mas descobre que essa peça leve de mobília não irá sair do lugar. Com muito esforço, você move a cadeira alguns centímetros, mas então percebe que vários livros foram derrubados da estante e que o sofá também se moveu ligeiramente em uma direção que você não gostou. Vagarosamente, você vai até o sofá e tenta empurrá-lo para o lugar certo, o que descobre ser extremamente difícil. Depois de trinta minutos, você consegue, mas agora uma lâmpada foi empurrada para o canto da mesa e está perigosamente pendurada, suportada por um cabo que vai em uma direção e uma corda em outra.

As organizações estão cada vez mais parecidas com esse escritório bizarro. Poucas coisas se movem com facilidade, porque praticamente cada elemento está conectado a muitos outros. Você pede a Mary para fazer algo de um jeito novo. Nada acontece. Você pede outra vez. Ela se move um centímetro. Você a pressiona. Talvez consiga dois centímetros. Você fica furioso com Mary, fazendo todo o tipo de suposições cruéis sobre a personalidade e motivação dela. Mas o problema principal é que, como a cadeira e o sofá, várias forças diferentes estão impedindo a mudança de conduta de Mary. No caso dela, em vez de cordas, cabos e fitas de borracha, você encontra supervisores, estruturas organizacionais, sistemas de avaliação de desempenho, hábitos pessoais, culturas, amizades e (o mais importante) um fluxo de exigências contínuo do grupo, do departamento e das pessoas.

Nessas circunstâncias, convencer Mary a se comportar de um jeito diferente pode ser muito difícil. Fazer com que mais mil funcionários como ela usem métodos diferentes em seus trabalhos pode ser um empreendimento monumental.

A Natureza da Mudança em Sistemas Altamente Interdependentes

Boa parte de nossa experiência pessoal direta com mudanças bem-sucedidas é como o primeiro exemplo do escritório da vida real. A cadeira não está no lugar certo, portanto a movemos. Teremos pouca experiência com isso se crescemos aprendendo a realizar grandes mudanças em sistemas altamente interdependentes. Isso, por sua vez, torna o desafio nas organizações atuais mais difícil.

Sem muita experiência, com freqüência nós não consideramos de forma adequada um fato crucial: que mudar cenários bastante interdependentes é muito difícil porque, definitivamente, você tem de mudar quase tudo (ver Figura 9.1). Por causa de todas as interconexões, você quase nunca pode mover apenas um elemento por si só. Você tem de mover dezenas ou centenas ou milhares de elementos, o que é um processo difícil e demorado e raramente, senão nunca, pode ser conseguido por apenas algumas pessoas.

Mesmo no caso relativamente simples do escritório interconectado, as interdependências podem complicar a mudança seriamente. Por exemplo, digamos que queremos fazer algumas modificações em vários desses escritórios para que os espaços fiquem mais agradáveis aos clientes visitantes. Vamos colocar as lâmpadas mais perto dos sofás para que os clientes possam ler os folhetos com mais facilidade. Vamos trocar a cadeira atrás da mesa pela cadeira menos confortável que fica ao lado dos sofás. Vamos pegar alguns itens de material escrito que os clientes sempre querem ver e colocá-los nas mesas de café na frente dos sofás. Em diversos escritórios reais onde tudo é bastante independente, essas mudanças poderiam ser feitas por uma pessoa em uma ou duas horas. Nos escritórios presos com cordas, cabos e fitas de borracha, essas mudanças iriam exigir muito mais tempo e esforço.

Então o que fazer? Se você não tiver muita experiência com esse tipo de situação, encontre uma ou duas outras pessoas, peça ou mande que

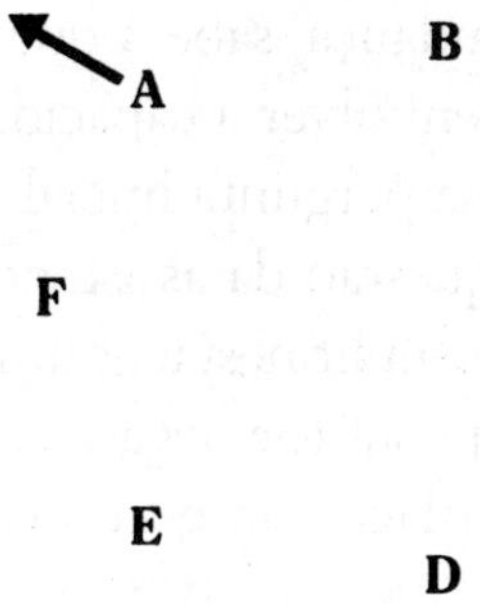

Em um sistema com partes independentes, A pode ser simplesmente movido.

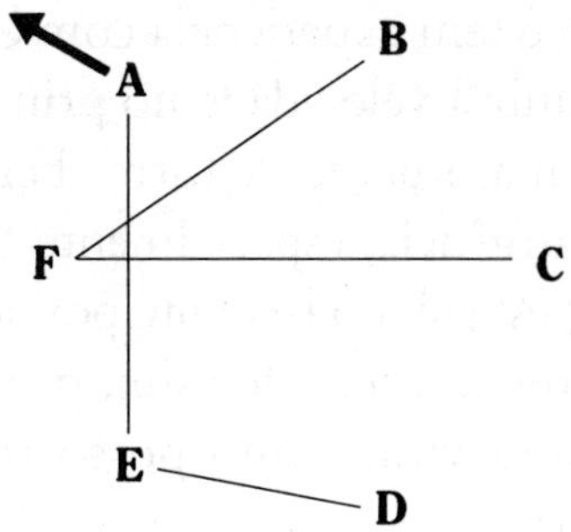

Em um sistema com alguma interdependência, vários elementos (A, E, D) podem precisar ser movidos para que seja possível mover A.

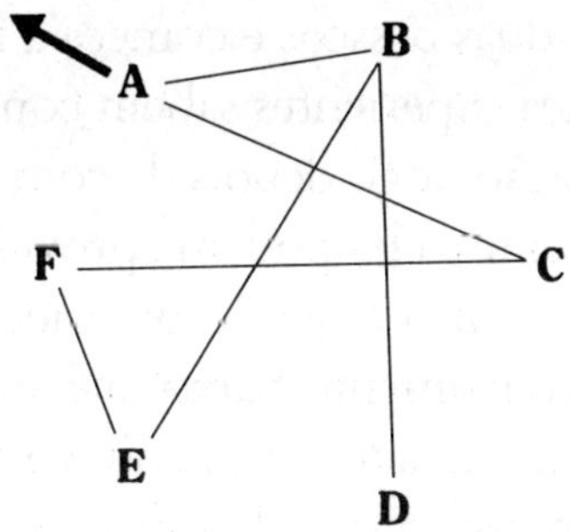

Em um sistema com muita interdependência, todos os elementos podem precisar ser movidos para que A possa ser mudado.

Figura 9.1
Criação de Mudanças em Sistemas de Interdependência Variável

elas o ajudem e então comece o trabalho. Mas depois de algumas horas frustrantes onde pouco foi conseguido, seus ajudantes estarão procurando qualquer desculpa possível para cair fora. Os falatórios se espalharão rapidamente sobre seu pequeno projeto de mudança. Alguém que está defendendo a ajuda aos clientes pode se oferecer para ajudar. Mas a maioria das pessoas irá procurar um esconderijo quando vir você atravessando o corredor.

Se você tem experiência com esse tipo de mudança, saberá que precisa diminuir a velocidade no princípio para desenvolver a capacidade de lidar com a situação de forma bem-sucedida. Sua pergunta inicial será: a taxa de urgência, especialmente em relação à questão da assistência aos clientes, está alta o bastante por aqui? Se a resposta honesta, confirmada por fontes externas, for sim, prossiga. Se a resposta for negativa, então a pergunta vira: como posso reduzir a complacência e aumentar a urgência?

Se você não tem muita experiência com a modificação de sistemas interdependentes, provavelmente perderá a paciência muito rápido. "Isso é ridículo", você dirá, "eu poderia passar dias ou semanas tentando aumentar o sentido de urgência dessa gente. Não tenho esse tempo." Então, você chama duas pessoas e começa a instruí-las...

Os agentes de mudança experientes sabem como administrar a impaciência deles. Nessa situação, logo depois de começar a trabalhar a complacência relativa aos clientes, eles podem aproveitar as primeiras etapas para reunir uma equipe com o objetivo de orientar o projeto. Se o nível de urgência está extremamente baixo, até mesmo isso não vai ser possível, porque ninguém vai aderir para ajudar. Portanto, eles podem começar tentando esclarecer a visão do espaço do novo escritório, procurando o tempo todo dar prioridade à diminuição da complacência.

Nesse caso simples, você pode precisar apenas de uma ou duas outras pessoas para sua coalizão de mudança. Vocês três irão esclarecer a visão geral do esforço e calcular estratégias para gerá-lo. Você encontrará formas de comunicar essa informação a vinte, cinqüenta ou cem outras pessoas que têm algum interesse na situação e em seu resultado final. Você identificará aqueles fatores que irão impedir a implementação da visão e tentará lidar com os itens mais sérios da lista. E então, e só então, você começará a estudar um plano para mudar os móveis de lugar, angariar ajuda e começar a trabalhar nos escritórios.

Como esse projeto de mudança é relativamente pequeno, de fato comum se comparado com o reaparelhamento de uma grande empresa, toda essa atividade pode levar apenas algumas semanas (a menos que exista muita complacência). Mas para qualquer um de seus colegas que tiveram pouca experiência na introdução de grandes mudanças em sistemas altamente interdependentes e que têm o impulso de escolher mais duas pessoas e terminar o trabalho em uma tarde, as poucas semanas de atividade parecerão um longo tempo.

Uma vez que você tenha começado pela sala, provavelmente irá prosseguir com uma série de projetos, não somente com o principal. Você descobrirá algumas questões subseqüentes; não é possível mover a cadeira da mesa a menos que seja feita outra coisa primeiro. Se você for esperto, irá programar algumas conquistas a curto prazo para manter o moral do grupo. Mesmo com as conquistas, no meio desse pequeno esforço algumas pessoas começarão a pensar se as mudanças são realmente necessárias. Certamente os clientes podem ler sem a luz extra. A cadeira ao lado do sofá não é tão ruim. Os clientes podem andar; deixe-os ir até a estante e pegar o material escrito eles mesmos.

Se você se dedicar mesmo a reorganizar as salas, descobrirá diversos métodos para manter o processo em andamento. Você encontrará algumas pessoas que têm talento para mover mobílias nesse tipo de situação e as convidará para ajudar. Você descobrirá novas maneiras relevantes para falar sobre a finalidade geral da atividade, de modo que a comunicação da visão não fique estagnada.

Se você não desistir, provavelmente acrescentará outros projetos mais tarde ao esforço. À medida que se tornar mais familiarizado com os cabos e cordas, você descobrirá que alguns deles parecem não servir a nenhum propósito útil e tentará se livrar deles. A maioria das cordas e das fitas de borracha pode ser retirada facilmente. Os arames serão mais difíceis. Você também começará a ter idéias extras sobre como pode tornar a vida ainda melhor para os clientes visitantes. Por que não baixar as persianas um pouco para impedir que o sol os incomode? Em vez de fazer novos projetos a partir de cada uma dessas idéias, você encontrará formas oportunas de resolver as questões dentro do trabalho planejado atualmente. Às vezes você será bem-sucedido, outras não.

O resultado global: você acabará realizando mais mudanças do que imaginou no princípio. Todo o esforço irá exigir mais tempo e energia do que você esperava inicialmente. Uma boa notícia é que você possivelmente ficará em uma situação melhor para fazer algo parecido no futuro, porque adquiriu habilidades e desconectou alguns dos arames e cabos inúteis. E, é claro, no final, o escritório parecerá mais amigável ao cliente.

Transformações Organizacionais

O processo de introduzir mudanças em uma organização não é diferente de rearrumar a mobília naquele grupo de escritórios. Muitas pessoas precisam de ajuda. Você nunca tem uma noção geral de todas as mudanças no começo. As etapas de aquecimento requerem uma quantidade de tempo e de energia surpreendentes. A ação conseqüentemente ocorre em uma série de projetos. À medida que a grandeza do esforço se torna clara, você será tentado a desistir. Se você mantiver o curso, o tempo total envolvido será muito longo.

A primeira melhoria de desempenho importante provavelmente virá antes da metade do processo. Embora algumas pessoas queiram abandonar o barco nessa ocasião, nas transformações bem-sucedidas a coalizão administrativa utiliza a credibilidade proporcionada pelas conquistas a curto prazo para impulsionar o processo mais rapidamente, empreendendo ainda mais projetos ou projetos maiores. A reestruturação que foi evitada anteriormente por causa da resistência é finalmente realizada. Dois novos projetos de reengenharia, ambos concebidos no começo da transformação, são iniciados. Uma total reorganização do processo de planejamento estratégico é finalmente programada. Mas para reestruturar, fazer a reengenharia e mudar o planejamento estratégico, você descobre que também tem de alterar programas de treinamento, modificar sistemas de informação, aumentar ou diminuir o quadro de funcionários e introduzir novos sistemas de avaliação de desempenho. Logo, diversos elementos do todo interdependente são indicados para ação.

As pessoas que ascenderam a posições de gerência durante as décadas de 50 e 60 com freqüência não conseguem imaginar como dez ou vinte projetos de mudança podem existir ao mesmo tempo. Mas isso é exatamente o que acontece no estágio 7 de uma grande transformação.

P: Como os executivos podem administrar vinte projetos de mudança de uma vez?

R: Eles não podem. Nas transformações bem-sucedidas, os executivos comandam os esforços gerais e deixam a maior parte do trabalho de administração e a liderança de atividades específicas para os seus subordinados.

As empresas que tentam manter vinte projetos de mudança atualmente usando os métodos que as firmas bem-sucedidas aplicaram ao mesmo problema há três décadas sempre falham. Não importa quanto talento tenham as pessoas envolvidas, o processo simplesmente não funciona. Os executivos acabam com dias de trabalho de dezesseis horas em reuniões intermináveis, tentando lidar com os conflitos e coordenar os problemas, mesmo que isso não evite uma cadeia constante de contratempos.

O processo falha por causa de dois conjuntos de razões inter-relacionadas. Primeiro, o método de administração de antigamente era normalmente centralizado demais para lidar com vinte projetos de mudança complexos. Se alguns gerentes seniores tentassem se envolver com todos os detalhes, que era a prática então, todo o processo começava a se arrastar. Segundo, sem a visão administrativa que apenas as lideranças podem proporcionar, as pessoas no comando de cada projeto acabam passando horas intermináveis para coordenar seus esforços, de forma que não incomodem uns aos outros constantemente.

Executar vinte projetos de mudança simultaneamente é possível se (a) os executivos seniores se concentrarem principalmente nas tarefas gerais de liderança e (b) os executivos seniores delegarem responsabilidades para a gerência e uma liderança mais detalhada no nível mais inferior possível dentro da organização. Nesse método, não dez (ou cem) mas cem (ou mil) pessoas estarão disponíveis para ajudar com os vinte projetos. Mais importante do que isso, a liderança proporcionada pelos executivos seniores é útil para dar a essas outras pessoas as informações necessárias e ajudar a coordenar suas atividades, sem reuniões e planejamentos intermináveis.

Imagine duas situações. Na primeira, está faltando uma liderança competente no topo, e como resultado as pessoas que estão tentando executar projetos de mudança não têm idéia do que seja a visão geral da organização ou como os seus projetos se encaixam nessa visão. Elas sabem apenas que devem reduzir os custos das despesas gerais de engenharia em 20% ou fazer a reengenharia das partes constituintes do prédio ou redesenhar o processo de planejamento de sucessão. À medida que tentam completar seus projetos, elas se encontram constantemente em conflito com diversos outros esforços. Não, você não pode fazer isso desse jeito, dizem a elas, porque isso vai nos prejudicar. Não, eu preciso desses recursos hoje; por que você não me informou sobre seus planos semanas atrás? Os gerentes seniores tentam mediar todos os conflitos e estabelecer prioridades racionais, mas eles simplesmente não têm tempo. Tudo isso leva à frustração, a um número crescente de reuniões, a um cabo de guerra político e conseqüentemente a um certo nível de caos.

Na segunda situação, a boa liderança superior ajuda todos a entenderem o cenário principal, a visão geral e as estratégias, e o modo como cada projeto se encaixa no todo. Aqui, todas as pessoas que trabalham em atividades diferentes almejam o mesmo objetivo a longo prazo sem ter de se encontrar muito. Elas também podem antecipar onde os conflitos com outros projetos podem se desenvolver, onde devem estar as prioridades à luz da visão geral, e o que devem fazer para ajudar a impulsionar a empresa. Dentro dessa estrutura, os conflitos são administrados nos níveis inferiores da organização por pessoas que têm tempo e informações relevantes. Com uma boa liderança superior, esses gerentes de nível inferior também estarão comprometidos com a transformação geral e assim irão fazer o que é certo com um mínimo de tolice política e provinciana.

Com uma liderança suficiente de cima e bastante delegação de atividades tanto da gerência quanto da liderança, vinte projetos de mudança podem ser executados ao mesmo tempo. Se um desses elementos estiver faltando, os vinte projetos gerarão caos e o estágio 7 de uma transformação importante pode dar errado.

Eliminação das Interdependências Desnecessárias

Como as interconexões internas tornam a mudança tão difícil, em algum momento durante esse estágio de um esforço de transformação importante, as pessoas começam a levantar questões sobre a necessidade de toda a interdependência. Elas perguntam: por que o gerente da fábrica tem de mandar o relatório K2A para o pessoal de finanças na sede da empresa uma vez por mês? O setor de finanças realmente precisa desses dados? Eles precisam disso mensalmente? A fábrica tem de criar o relatório? Por que as divisões têm de consultar o setor de Recursos

Humanos da empresa antes de fazer qualquer oferta de emprego acima do equivalente a US$ 50.000 anuais? O RH precisa ser envolvido? Se existe uma razão legítima, US$ 50.000 é muito pouco como limite?

Esse tipo de questionamento normalmente aumenta quando as pessoas irritam-se com a dificuldade de produzir a mudança necessária em sistemas altamente interdependentes. Se forem direcionadas adequadamente, essas indagações podem ser extremamente úteis. Todas as organizações têm algumas interdependências desnecessárias que são produto do passado em vez da realidade atual. O departamento de vendas não pode fazer algo sem a aprovação do setor de manufatura por causa de uma crise ocorrida em 1954, que levou a essa política. Acabar com entraves históricos cria uma agenda de mudanças ainda maior, o que não será do agrado de uma organização exausta. Mas a eliminação de interconexões desnecessárias torna uma transformação muito mais fácil. E num mundo onde a mudança é cada vez mais a regra e não a exceção, limpar a casa também pode tornar todos os esforços de reorganização futuros ou mudanças estratégicas menos difíceis.

Um Longo Caminho

Como mudar qualquer coisa importante em sistemas altamente interdependentes com freqüência significa mudar quase tudo, a transformação empresarial pode virar um grande exercício que se auto-executa durante anos, não meses. No caso extremo, o estágio 7 pode se tornar um processo de décadas no qual centenas ou milhares de pessoas ajudam a liderar e a gerenciar diversos projetos de mudança. As qualidades que caracterizam o estágio 7 estão listadas na Figura 9.2.

Aqui, novamente, é onde a liderança tem um valor inestimável. Os líderes proeminentes estão prontos para pensar a longo prazo. Décadas ou até mesmo séculos podem ser intervalos de tempo insignificantes. Orientados por visões propulsoras que consideram pessoalmente relevantes, eles estão prontos para manter o curso a fim de realizar os objetivos que são psicologicamente importantes para eles. Enquanto outros trocam de emprego a cada dois anos, os líderes estarão em uma posição júnior por um tempo duas vezes maior ou em uma posição sênior por

- **Mais mudança, não menos:** A coalizão administrativa usa a credibilidade proporcionada por conquistas a curto prazo para empreender mais e maiores projetos de mudança.
- **Mais ajuda:** Mais pessoas são contratadas, promovidas e desenvolvidas para ajudar nas mudanças.
- **Liderança da gerência sênior:** O pessoal sênior se concentra em manter a clareza de finalidades compartilhadas para o esforço geral e manter os níveis de urgência altos.
- **Liderança e gerenciamento de projetos por parte dos escalões inferiores:** Os escalões inferiores na hierarquia tanto fornecem liderança para projetos específicos quanto gerenciam esses projetos.
- **Redução de interdependências desnecessárias:** Para facilitar a mudança a curto e longo prazo, os gerentes identificam as interdependências desnecessárias e as eliminam.

Figura 9.2
A Aparência do Estágio 7 em um Esforço de Mudança Importante e Bem-sucedido

mais de uma década. Em vez de cantar vitória e desistir ou se mudar, eles irão iniciar os diversos projetos de mudança necessários no estágio 7 de transformação. Eles também irão aproveitar a oportunidade para assegurar que todas as novas práticas sejam firmemente estabelecidas na cultura da organização.

Devido à natureza dos processos de administração, os gerentes quase sempre pensam em termos de intervalos muito menores. Para eles, a curto prazo significa esta semana, a médio prazo significa alguns meses e a longo prazo significa um ano. Com esse horizonte de tempo, anunciar a vitória e parar de fazer mudanças depois de dois ou três anos parece lógico. Para as pessoas que tiveram uma mentalidade administrativa impingida a elas por décadas, três anos podem parecer muito tempo.

Novamente: sem liderança suficiente, a mudança fica paralisada e vencer num mundo em rápida mudança se torna problemático.

CAPÍTULO 10

Estabelecimento de Novos Métodos na Cultura

Depois de anos de trabalho, os resultados foram impressionantes. Uma organização aeroespacial que era morosa e concentrada em si mesma agora estava criando produtos inovadores em um ritmo acelerado. Nem todas as ofertas estavam ganhando espaço no mercado, mas um número suficiente delas estava sendo bem-sucedido, tanto que durante um período de cinco anos os rendimentos divisionais subiram 62%, enquanto os lucros globais aumentaram 76%; os valores comparáveis para os cinco anos anteriores foram 21 e 15%, respectivamente. O gerente geral de divisão se aposentou, orgulhoso por ter feito uma colaboração importante para a empresa. Ele poderia ter ficado mais alguns anos, mas decidiu que não: as mudanças tinham sido realizadas, os resultados eram impressionantes, o trabalho estava feito.

Na época da saída do gerente geral, eu não acho que ninguém tenha percebido completamente que o novo estilo de operação nunca tinha sido firmemente estabelecido na cultura da divisão. Se perceberam, as pessoas pensaram que esse era um problema secundário. Afinal, elas diriam, veja quantas transformações. E veja os resultados.

Decorridos dois anos da aposentadoria do gerente geral, tanto a taxa de introdução de novos produtos quanto o sucesso deles no mercado caíram vertiginosamente. Nada aconteceu de repente; o retrocesso foi incremental. No princípio, ninguém parecia notar. Após um ano, o único executivo que manifestou muito alarme havia chegado recentemente de fora da empresa. Os outros executivos do alto escalão em sua maioria o ignoraram.

Aqui vai minha análise. Alguns preceitos centrais na cultura da divisão eram incompatíveis com todas as mudanças que haviam sido feitas. Todavia, essa inconsistência nunca foi enfrentada. Enquanto o gerente geral de divisão trabalhasse dia e noite colocando em prática o programa de transformações para reforçar as novas práticas, o valor total desses esforços subjugou a influência cultural. Mas quando o gerente geral de divisão saiu da empresa e o programa de transformações acabou, a cultura se reafirmou.

O valor compartilhado básico nessa organização, um valor firmemente estabelecido nos primórdios da empresa, era "desenvolver nossa tecnologia irá resolver todos os problemas". Como boa parte da cultura corporativa, essa idéia nunca foi formalmente declarada ou registrada. Quando confrontadas com a crença, a maioria das pessoas iria admitir na hora que isso não era inteiramente verdade. Mas dê três ou quatro cervejas a um grupo de gerentes e depois ouça o que eles têm a dizer; muito do que você ouvirá tem a ver com "desenvolver nossa tecnologia irá resolver todos os problemas".

Como esse valor central não estava diametralmente em conflito com o esforço de mudança, os dois coexistiam, embora de forma desconfortável. As novas práticas atraíram a atenção primeiro e principalmente sobre os clientes. O valor central iria direcioná-las para a tecnologia. As novas práticas tinham o objetivo de ajudar a empresa a se mover mais rapidamente que seus concorrentes. O valor central determinava que o ritmo deveria ser ditado por um desenvolvimento tecnológico interno e racional.

Alguém sensível à cultura teria observado essa tensão na empresa. Mas como o conflito era tão sutil, a maioria das pessoas não teria notado nada. A comunicação da visão, o reforço pela gerência, a avaliação do desempenho alterado e outras influências fortemente apoiavam as novas práticas. Seria necessário que você ouvisse com muita atenção para perceber a cultura básica tentando se afirmar: "Sim, mas, blá, blá, blá, tecnologia, blá, blá, blá."

Como ninguém enfrentou esse problema, pouco ou nenhum esforço foi feito para ajudar as novas práticas a estabelecerem raízes profundas, que penetrassem na cultura central ou fossem fortes o suficiente para substituí-la. As raízes superficiais precisam ser regadas constantemente. Desde que o gerente geral e outros agentes de mudança estivessem lá diariamente com a mangueira de jardim, tudo estava bem. Sem essa atenção, as práticas secaram, murcharam e morreram. Outra vegetação que tinha sido cortada, porém tinha raízes mais profundas, invadiu o terreno.

Depois de seis meses da aposentadoria do gerente geral da divisão, os administradores começaram a levantar questões mais freqüentemente sobre as prioridades da empresa e práticas administrativas. Não existia nenhuma evidência de inferioridade tecnológica, embora as pessoas dissessem: "Temo que estivemos negligenciando nossa tecnologia. Se fizermos isso por muito tempo, realmente teremos problemas." As reuniões entre engenheiros, o pessoal de marketing, de vendas e os clientes se tornaram polêmicas. "Os engenheiros estão desperdiçando tanto tempo em comissões fora de seus grupos de trabalho que estão perdendo terreno." Um concorrente que ocupava a sétima colocação num grupo das dez que apresentavam melhor desempenho, de repente se tornou um padrão de comparação. "Recentemente ouvi dizer que eles gastam aproximadamente 20% mais do que nós por funcionário em Pesquisa & Desenvolvimento. Temos que fazer algo em relação a isso."

Decorridos doze meses da aposentadoria do gerente geral, foram feitos diversos pequenos ajustes no modo como a organização conduzia os negócios. Algumas dessas mudanças foram explicitamente analisadas e ratificadas pela gerência superior. Mas os executivos seniores, com a notável exceção da contratação recente, aprovaram tacitamente as mudanças. Após dois anos, algumas práticas retrocederam ao nível de quatro anos antes. Logo depois, portanto, os primeiros problemas graves de desempenho começaram a emergir.

Por que a Cultura É Poderosa

P: Como um grupo de executivos inteligentes poderia permitir que isso acontecesse?

R: Porque suas formações em engenharia eletrônica, suas pós-graduações como MBA (Master of Business Administration) e seus mentores corporativos não lhes ensinaram muito sobre cultura organizacional, especialmente sobre sua poderosa influência no comportamento. Viver em uma empresa mal gerenciada e mal liderada durante boa parte de suas carreiras simplesmente reforçou esse ponto de vista limitado, porque a cultura (e a visão) tende a ser mais o domínio da liderança, assim como a estrutura (e sistemas) é mais uma ferramenta administrativa.

A *cultura* se refere a normas de comportamento e valores compartilhados entre um grupo de pessoas. As *normas de comportamento* são formas de ação comuns ou difundidas que são encontradas em um grupo e que persistem porque os membros do grupo tendem a se comportar de maneira que ensinam essas práticas aos novos membros, recompensando os que se ajustam e castigando os que não o fazem. Os *valores compartilhados* são preocupações importantes e metas compartilhadas pela maioria das pessoas em um grupo, que tendem a estabelecer um comportamento grupal e que com freqüência persistem através do tempo mesmo quando os membros do grupo mudam.

Em uma grande empresa normalmente se acredita que algumas dessas forças sociais – a assim chamada cultura corporativa – afetam a todos e outras forças são específicas das subunidades (por exemplo, a cultura de marketing, a cultura do escritório de Detroit). Independentemente do nível ou localização, a cultura é importante porque pode influenciar poderosamente o comportamento humano, pois pode ser difícil alterá-la e porque sua quase invisibilidade dificulta sua solução direta. Geralmente, os valores compartilhados, que são menos evidentes porém mais enraizados na cultura, são mais difíceis de alterar do que os padrões de comportamento. (Ver Figura 10.1.)

Quando as novas práticas criadas em um esforço de transformação não são compatíveis com as culturas relevantes, sempre estarão sujeitas

Um Pouco Invisível

Difícil de Mudar

REGRAS DE COMPORTAMENTO DE GRUPO

- Os funcionários respondem rapidamente às solicitações do cliente.
- Os gerentes envolvem os funcionários de nível mais baixo na tomada de decisões.
- Os gerentes trabalham pelo menos uma hora depois do encerramento oficial de cada dia de trabalho.

VALORES COMPARTILHADOS

- Os gerentes se importam com os clientes.
- Os executivos preferem débitos a logo prazo.
- Os funcionários estão mais preocupados com a qualidade do que com a quantidade.

Invisível

Extremamente Difícil de Mudar

FONTE: De *Corporate Culture and Performance* de John P. Kotter e James L. Heskett. Copyright 1982 by Kotter Associates, Inc. e James L. Heskett. Adaptado com permissão da Free Press, uma Divisão da Simon and Schuster.

Figura 10.1
Alguns Exemplos de Componentes da Cultura Corporativa

ao retrocesso. As mudanças em um grupo de trabalho, em uma divisão ou empresa inteira podem ser anuladas, mesmo depois de anos de esforço, porque os novos métodos ainda não foram estabelecidos firmemente nas normas e valores de grupo.

Para entender por que a cultura pode ser tão importante, considere o cenário a seguir. Você se forma na faculdade, se candidata a empregos e recebe três ofertas. Uma das três empresas está tão interessada em você e você se sente tão à vontade com os funcionários dela, que decide ir trabalhar lá. Como um ingênuo indivíduo de vinte e um anos, você supõe que foi selecionado por causa de seu curriculum, habilidades, personalidade excelente e futuro. Você também imagina que aceitou a oferta deles por causa da empresa, que de uma forma objetiva era uma ótima corporação. Você basicamente havia se esquecido de outro critério de seleção importante: a cultura.

Poucas ou nenhuma das pessoas que o recrutaram disseram explicitamente: "Uma das maiores razões pelas quais estamos lhe contratando é porque achamos que você se enquadra, que compartilha nossos valores e crenças implícitos e que se ajustará facilmente às nossas regras." Provavelmente eles não disseram isso porque não têm noção da forte influência do critério cultural na contratação. Ao aceitar a oferta deles, você também pode ter ignorado o peso que estava colocando no enquadramento de valores. O resultado global é que você e possivelmente todos os seus colegas recentemente contratados são candidatos fáceis ao que é chamado "socialização" – a implantação das regras e valores da empresa.

Durante seu primeiro ano no emprego, você está ansioso por se sair bem e portanto está particularmente alerta a pistas sobre como as pessoas são aceitas e promovidas. Desde que essas práticas não pareçam tolas ou antiéticas, você tenta adotá-las. Com freqüência, as maiores lições não aparecem em uma sessão de treinamento ou em um manual para os novos funcionários. No dia em que seu chefe se der mal por causa de algo que você faz – isso é influente. No dia em que você diz algo numa reunião e um silêncio pesado domina o grupo – isso é influente. No dia em que uma secretária mais antiga chama você de lado e lhe informa as regras do jogo – isso é influente. O resultado é que você aprende e assimila a cultura.

Pelos próximos vinte anos, você é promovido uma vez a cada trinta ou cinqüenta meses. Durante esse tempo, a cultura se torna cada vez mais uma parte instintiva de você. De fato, um dos motivos pelos quais você foi promovido é porque se enquadra e tem um bom relacionamento com as pessoas que decidem sua promoção. Depois de algum tempo, embora possa não estar ciente disso, você está ensinando a cultura aos novos contratados. Aos cinqüenta anos, como um gerente de nível sênior, você pode praticamente não perceber a cultura. Você viveu nela por tanto tempo e a achou tão compatível desde o começo, que se relaciona com a cultura do mesmo modo que um peixe se relaciona com a água. Como ela está em toda parte, embora invisível, você simplesmente não pensa nela, apesar da grande influência que tem sobre você. Os peixes obtêm ar e comida da água. Você obtém uma certa previsibilidade agradável, uma boa quantidade de apoio positivo e uma forte ligação emocional com sua organização através da cultura dela.

Em um alto grau, a maioria das pessoas de sua geração na firma teve experiências semelhantes. A maior parte desses homens e mulheres foi selecionada por compatibilidade cultural. A maioria tinha centenas ou milhares de horas de experiência nas quais as regras e valores foram ensinados e reforçados. Muitos deles agora ensinam aos funcionários mais novos.

A cultura é poderosa por três razões básicas:

1. Porque os indivíduos são selecionados e doutrinados tão bem.

2. Porque a cultura se exerce através das ações de centenas ou milhares de pessoas.

3. Porque tudo isso acontece sem muita intenção consciente e assim é difícil desafiar ou mesmo discutir o assunto.

Os consultores, o pessoal de vendas industriais e outros que regularmente vêem as empresas de perto sem serem funcionários sabem bem o quanto a cultura opera fora da consciência das pessoas, até mesmo os aspectos incomuns mais visíveis de uma cultura. Eu ainda posso me lembrar de quando fui a uma grande editora há cerca de vinte anos e descobri que oito dos onze executivos superiores masculinos tinham menos de 1,72 m de altura. (O fundador da empresa tinha 1,67 m.) Quando falei sobre esse fato em um comentário casual onde certamente não havia a intenção de ser desaprovador, os outros presentes na sala me olharam como se eu fosse um alienígena. Em outra grande empresa onde o primeiro produto importante tinha sido um explosivo e onde a segurança tinha sido uma obsessão por mais de um século, descobri que praticamente todos os executivos subiam ou desciam escadas agarrando o corrimão como se fossem idosos de noventa e nove anos.

Como a cultura corporativa exerce esse tipo de influência, as novas práticas criadas em uma reengenharia, reestruturação ou uma aquisição precisam estar ligadas a ela de alguma forma; senão, elas podem ser muito frágeis e sujeitas ao retrocesso.

Quando as Novas Práticas São Enxertadas na Velha Cultura

Em muitos esforços de transformação, o núcleo da velha cultura não é incompatível com a nova visão, embora algumas regras específicas sejam. Nesse caso, o desafio é enxertar as novas práticas nas velhas raízes enquanto as partes inconsistentes são eliminadas.

Para um fabricante líder de equipamento industrial, uma atitude do tipo "o cliente em primeiro lugar" sempre foi o centro de sua cultura. Durante os primeiros anos, as práticas em torno dessa atitude foram criadas pelo fundador e copiadas por todo mundo. No meio do século XX, depois de muito tempo da morte do fundador e com a empresa tendo um histórico de cem anos no atendimento aos clientes, a gerência sênior decidiu transformar esse conhecimento em procedimentos explícitos que poderiam ser ensinados mais facilmente para uma base de funcionários sempre crescente. Em 1980, esses procedimentos enchiam seis cadernos, cada um com cerca de oito centímetros de largura. Nesse ponto, "fazer as coisas de acordo com o manual" era um hábito e uma norma cultural profundamente arraigada.

Em 1983, um novo executivo principal iniciou um grande processo de transformação na empresa que foi bem-sucedido. Em 1988, os velhos manuais de procedimento não eram mais usados, substituídos por um número bem menor de regras e um conjunto de práticas que colocavam o cliente em primeiro lugar e que faziam mais sentido nos anos 80. Mas o executivo principal percebeu que os velhos manuais, embora não estivessem nas mesas das pessoas, ainda estavam na cultura corporativa. Eis o que ele fez.

Quando chegou o momento de seu discurso na reunião de gerência anual, ele colocou três de seus executivos empilhando os velhos manuais em uma mesa perto do palanque. Em seu discurso, ele disse algo assim:

> Esses manuais nos serviram muito bem por vários anos. Eles codificaram a sabedoria e a experiência desenvolvidas por décadas e as tornaram disponíveis para todos nós. Estou certo de que muitos milhares de nossos clientes se beneficiaram enormemente por causa desses procedimentos.

Nas últimas décadas, nossa indústria mudou em muitos aspectos importantes. Onde antigamente havia apenas dois grandes concorrentes, agora temos seis. Onde uma nova geração de produtos costumava ser lançada uma vez a cada duas décadas, o tempo agora foi reduzido para aproximadamente cinco anos. Onde os clientes ficavam satisfeitos se pudessem receber nossa ajuda em quarenta e oito horas, agora eles esperam serviço dentro de um período de oito horas.

Nesse novo contexto, nossos maravilhosos manuais antigos começaram a aparentar sua idade - eles não estavam atendendo aos clientes também. Eles não nos ajudavam a nos adaptarmos bem às condições de mudança. Eles diminuíam nossa velocidade. A primeira evidência que vimos disso foi no final dos anos 70. Embora continuássemos a tentar fazer a coisa certa, aqueles que compravam nossos produtos não perceberam isso dessa forma, e esse fato começou a se refletir em nossas finanças.

Em 1983, decidimos que tínhamos de fazer algo a respeito disso - não apenas porque os resultados econômicos estavam parecendo ruins, mas principalmente porque não estávamos mais fazendo o que queríamos e havíamos feito tão bem por tanto tempo: atender às necessidades de nossos clientes de uma forma verdadeiramente maravilhosa. Nós reexaminamos as exigências deles e nos últimos três anos diversas práticas mudaram para satisfazer a essas necessidades. E no processo, deixamos esses caras [apontando para os manuais] de lado.

Eu acho que às vezes todos nós nos preocupamos se estávamos fazendo a coisa certa. Bem, a prova disso está bastante clara agora.

Ele continuou se estendendo nesse ponto para analisar as pesquisas de satisfação dos clientes que mostravam tanto classificações melhores quanto vínculos claros entre essas classificações e as novas práticas.

Portanto, acho que nós estamos nos comportando de acordo com nossa herança, apesar de uma situação competitiva difícil. Estou aproveitando a oportunidade de dizer isso a vocês todos hoje por várias razões. Sei que alguns de vocês nessa sala, especialmente os que entraram na empresa nos últimos dois anos, acham que os manuais aqui são uma piada, besteiras burocráticas ao extremo. Eu gostaria que vocês soubessem que esses manuais serviram bem a essa empresa por muitos anos. Também sei que há pessoas nessa sala que detestam a idéia de deixar esses manuais de lado. Vocês podem não admitir isso – o caso lógico para o que temos feito é muito constrangedor – mas em algum nível emocional, vocês se sentem desse jeito. Quero que vocês se unam a mim para dizer adeus. Os manuais são como um velho amigo que morreu depois de ter uma boa vida. Precisamos reconhecer a contribuição deles para nossas vidas e seguir adiante.

O discurso, em sua totalidade, durou cerca de trinta minutos. O tom foi de louvor. Aqui vemos um homem tentando respeitosamente enterrar um antigo conjunto de práticas enquanto se certifica de que seus substitutos estão intimamente ligados aos valores centrais do grupo. O lado analítico de nossos cérebros tem problemas ao ver a necessidade disso. Se fôssemos apenas analíticos, tal discurso não seria necessário. Mas os seres humanos também são criaturas emocionais e nós ignoramos essa realidade nos arriscando.

De tudo o que vi, esse discurso e as medidas subseqüentes associadas foram muito bem-sucedidos. Uma reação quase automática à idéia de "fazer de acordo com o manual", especialmente entre os funcionários mais antigos, foi substituída pelo apoio a um conjunto de práticas mais sensatas. Essa não é uma pequena realização.

Nas décadas seguintes, acho que todos nós teremos de fazer muito mais esse tipo de modificação cultural limitada. A crescente globalização das empresas irá apresentar uma variação desse problema mais de um milhão de vezes. A nova subsidiária coreana (ou russa) não tem a mesma orientação ao cliente (ou atenção aos custos) que é exigida na visão corporativa. O problema não é que a nova entidade estrangeira adote uma política anticliente (ou anticusto), e a solução não é tentar recriar Nova York em Seul. O desafio é enxertar alguns valores-chave em culturas já bem formadas.

Hoje, não acho que existam diversas empresas que sejam muito boas nesse tipo de atividade. Nós ignoramos as regras e valores ou nos tornamos imperialistas culturais, tentando fazer as pessoas aceitarem nossas práticas com detalhes. Em uma economia globalizante, a maioria de nós será forçada a enfrentar essa questão em um futuro não tão distante.

Quando as Novas Práticas Substituem a Antiga Cultura

Fixar um novo conjunto de práticas em uma cultura já é difícil o bastante quando esses métodos são consistentes com o núcleo da cultura. Quando não são, o desafio pode ser muito maior.

Imagine uma empresa fundada em 1928. A experiência-chave que formou sua cultura foi a Grande Depressão, e como resultado, regras e valores conservadores – para não dizer avessos ao risco – se difundiram na empresa. Quando a firma tropeçou muito nos final dos anos 80 e uma nova equipe de gerenciamento superior planejou mudanças importantes, as tensões entre as práticas arriscadas e a velha cultura eram gigantescas. Mesmo depois que a gerência superior comunicou um apoio de 100% aos novos métodos e começaram a se acumular provas de que eles estavam trabalhando, a velha cultura se recusou a morrer, especialmente em uma parte da empresa.

O que esses gerentes fizeram? De uma forma resumida:

1. Falaram um bocado sobre as evidências que mostravam o quanto as melhorias de desempenho estavam ligadas às novas práticas deles.

2. Falaram um bocado sobre a origem da antiga cultura, como ela havia servido bem à firma, mas por que não era mais útil.

3. Ofereceram aos funcionários maiores de cinqüenta e cinco anos um atraente programa de aposentadoria precoce e trabalharam duro para convencer a todos que abraçaram a nova cultura a não deixarem a empresa.

4. Eles se certificaram duplamente de que as novas contratações não estavam sendo informalmente escolhidas de acordo com as regras e valores antigos.

5. Tentaram muito não promover ninguém que não apreciasse profundamente as novas práticas.

6. Eles se certificaram de que os três candidatos avaliados para substituir o executivo principal não tinham nada da cultura da era da Depressão em suas mentes.

Mesmo com todos esses esforços, a eliminação da antiga cultura e a criação de uma nova era uma ação difícil de se conseguir. Os valores compartilhados e as regras grupais são persistentes, especialmente os antigos (ver Figura 10.1). Quando os valores compartilhados são apoiados pela contratação de personalidades parecidas em uma organização, mudar a cultura pode exigir a mudança das pessoas. Mesmo quando não há nenhuma incompatibilidade de personalidade com a nova visão, se os valores compartilhados são o produto de muitos anos de experiência em uma empresa, freqüentemente são necessários anos de um tipo diferente de experiência para criar alguma transformação.

E é por isso que a mudança cultural ocorre no final de uma transformação e não no começo.

A Mudança Cultural Vem no Fim e Não no Princípio

Uma das teorias sobre mudança que circularam amplamente nos últimos quinze anos pode ser resumida da seguinte forma: o maior obstáculo à criação de mudança em um grupo é a cultura. Portanto, a primeira etapa em uma grande transformação é alterar as regras e valores. Depois que a cultura tiver sido substituída, o resto do esforço de mudança se torna mais plausível e mais fácil de se colocar em prática.

Houve uma época em que eu acreditei nesse modelo. Mas tudo o que vi na última década indica que ele está errado.

A cultura não é algo que você manipule facilmente. As tentativas de agarrá-la e conferir a ela uma nova forma nunca funcionam porque você não pode pegá-la. A cultura só muda depois que você tiver alterado com sucesso as ações das pessoas, depois que o novo comportamento produzir alguma vantagem grupal por algum tempo e depois que as pessoas perceberem a conexão entre as novas ações e a melhoria de desempenho. Assim, a maior parte da mudança cultural ocorre no estágio 8 e não no estágio 1.

Isso não significa que uma sensibilidade às questões culturais não seja essencial nas primeiras fases de uma transformação. Quanto melhor você entender a cultura existente, mais facilmente poderá descobrir como elevar o nível de urgência, como criar a coalizão administrativa, como formar a visão e assim por diante. Nem isso significa que um comportamento de mudança não seja uma parte-chave dos primeiros estágios de uma transformação. Na etapa 2, por exemplo, normalmente você está tentando alterar os hábitos e criar mais trabalho de equipe entre uma coalizão administrativa. Nem isso significa que algumas mudanças de atitude não sejam parte da etapa 1, onde as visões de mundo complacentes são atacadas. Mas a mudança real de regras e valores poderosos ocorre basicamente no último estágio do processo, ou pelo menos no último estágio em cada ciclo do processo. Assim, se um dos ciclos de mudança em um esforço de transformação mais amplo está associado a um projeto de reengenharia no departamento X, esse projeto acabará com um esforço para fixar o trabalho na cultura do departamento.

Uma boa regra prática: *sempre que você ouvir falar sobre uma reestruturação importante, reengenharia ou redirecionamento estratégico no qual a etapa 1 está "mudando a cultura", deve verificar se esse esforço não está seguindo pelo caminho errado.*

Tanto a mudança de comportamento quanto de atitude normalmente começam cedo em um processo de transformação. Essas alterações então criam mudanças nas práticas que ajudam a empresa a gerar melhores produtos ou serviços com custos inferiores. Mas apenas no final do ciclo de mudança é que a maior parte disso é fixada na cultura.

Vi vários casos na década passada nos quais os vice-presidentes seniores de recursos humanos recebiam a atribuição de "mudar a cultura" em empresas sem nenhum processo de transformação geral ou em firmas com um projeto que estava sendo executado independentemente ou antes de grandes esforços de mudança. Normalmente, esses gerentes de RH batalhavam por alguns anos tentando com dificuldade fazer algo útil. Eles produziriam declarações sobre os valores ou normas grupais desejados. Eles dariam reuniões para comunicar essas informações. Às vezes, lançariam programas de treinamento para "ensinar" os valores. Mas como executivos de apoio, eles estariam em uma posição fraca para implementar uma mudança maior que afetaria toda a organização. E o conceito básico da proposta - entrar lá e modelar a cultura - torna o sucesso praticamente impossível desde o começo.

- **Vem por último, não primeiro:** A maioria das alterações nas regras e valores compartilhados ocorre no final do processo de transformação.
- **Depende dos resultados:** Os novos métodos normalmente penetram em uma cultura somente depois que estiver bastante claro que eles funcionam e são superiores aos antigos métodos.
- **Exige um bocado de conversa:** Sem a instrução verbal e apoio, as pessoas freqüentemente relutam em admitir a validade das novas práticas.
- **Pode envolver a rotatividade:** Às vezes, a única forma de mudar uma cultura é mudar as pessoas-chave.
- **Torna as decisões sobre a sucessão cruciais:** Se os processos de promoção não forem mudados para serem compatíveis com as novas práticas, a antiga cultura irá se reafirmar.

Figura 10.2
Fixação da Mudança na Cultura

Alguns observadores rejeitam esses casos e as pessoas associadas a eles. Mas eu descobri que esses executivos são normalmente indivíduos perspicazes, dedicados e trabalhadores. Suas falhas nos informam menos sobre eles do que sobre a dificuldade extraordinária de mudar a cultura corporativa. (Ver Figura 10.2, que resume os recursos-chave para o estabelecimento de mudanças culturais.)

É pelo fato de tal mudança ser tão difícil de realizar que o processo de transformação tem oito estágios em vez de dois ou três, que com freqüência isso demora muito tempo e que exige tanta liderança de tantas pessoas.

PARTE III

As Conseqüências para o Século XXI

CAPÍTULO 11

A Organização do Futuro

A velocidade da mudança no mundo empresarial não irá diminuir tão cedo. Provavelmente, a concorrência na maioria dos setores de atividade irá aumentar nas próximas décadas. As empresas de todo o mundo se defrontarão com obstáculos ainda mais terríveis e oportunidades maravilhosas, provocados pela globalização da economia associada às tendências sociais e tecnológicas.

A organização típica do século XX não tem operado bem em um ambiente em rápida transformação. A estrutura, os sistemas, as práticas e a cultura freqüentemente têm sido mais um empecilho para a mudança do que um fator de facilidade. Se a transitoriedade ambiental continuar a crescer, como muitas pessoas prevêem hoje, a organização padrão do século XX possivelmente se tornará um dinossauro.

Então, como será a empresa vitoriosa do século XXI? Especular sobre o futuro é sempre perigoso, mas a análise apresentada neste livro tem implicações bem claras.

Um Senso de Urgência Persistente

O processo de uma grande mudança nunca é bem-sucedido, a menos que o nível de complacência esteja baixo. Uma taxa de urgência alta ajuda enormemente na finalização de todos os estágios de um processo de transformação. Se a taxa de mudança externa continuar a subir, então a taxa de urgência da organização vitoriosa do século XXI terá de estar de média para alta o tempo todo. O modelo do século XX de longos períodos de calmaria ou complacência pontuados por períodos menores de atividade febril não irá funcionar.

Uma taxa de urgência mais alta não implica a presença constante do pânico, ansiedade ou medo. Isso significa um estado no qual a complacência está praticamente ausente, onde as pessoas estão sempre procurando tanto problemas quanto oportunidades e onde a regra é "fazer imediatamente".

Manter alto o nível de urgência irá exigir, primeiro e principalmente, sistemas de informação de desempenho muito superiores aos que geralmente vemos hoje. A tradição de distribuir dados de contabilidade financeira para um pequeno grupo de pessoas mensal ou trimestralmente terá de se tornar coisa do passado. Mais pessoas, com mais freqüência, precisarão dos dados sobre os clientes, concorrentes, funcionários, fornecedores, acionistas, desenvolvimentos tecnológicos e resultados financeiros. Os sistemas que fornecem essas informações não podem ser projetados, como são alguns atualmente, para fazer com que a organização ou uma de suas unidades pareça bem. Eles deverão ser criados para proporcionar notícias honestas e sem disfarces, especialmente sobre o desempenho.

Na década passada, várias firmas deram passos importantes em direção da criação desses novos sistemas de *feedback* de desempenho. As informações sobre a satisfação dos clientes, em particular, estão sendo coletadas mais precisamente, com mais freqüência e por mais pessoas. Da mesma forma, os gerentes estão realmente vendo os clientes, especialmente os insatisfeitos, com mais regularidade. Tudo isso é bom, mas nós ainda temos um longo caminho pela frente. Os funcionários típicos em empresas típicas atualmente ainda recebem poucos dados sobre seu desempenho, o desempenho de seu grupo ou departamento e o desempenho da empresa.

Para criar esses sistemas e usar suas informações de forma produtiva, as culturas corporativas do século XXI terão de valorizar as discussões francas muito mais do que fazem hoje. As regras associadas à cortesia política, à diplomacia dissidente e à vontade de matar o portador das más notícias terão de mudar. O botão de volume do canal de diálogo desonesto terá de ser completamente abaixado.

Para os leitores que têm vivido em organizações desesperadamente políticas por boa parte de suas carreiras e que portanto pensam que esse objetivo é quixotesco, posso apenas argumentar que esses tipos de culturas francas e honestas existem hoje. Eu as tenho visto. Criar essas regras pode ser difícil, mas a tarefa não é impossível. Normalmente, a mudança começa com uma única pessoa poderosa, é difundida a partir dela para algumas outras através de exemplos, produz alguma vantagem para um grupo, e em seguida é ainda mais difundida.

A combinação de dados válidos de diversas fontes externas, ampla comunicação dessas informações dentro de uma organização e a disposição para lidar honestamente com o *feedback* irão percorrer um longo caminho em direção ao fim da complacência. Um maior senso de urgência, por sua vez, irá ajudar as organizações a mudarem mais facilmente e a lidarem melhor com um ambiente em rápida transformação.

O Trabalho de Equipe no Alto Escalão

Em um mundo que muda lentamente, tudo o que uma organização precisa é de um bom executivo no comando. O trabalho de equipe no escalão superior não é essencial. Em um contexto que apresenta um ritmo moderado, a equipe é necessária para lidar com transformações periódicas, mas durante a maior parte do tempo, o velho modelo ainda funcionará. Já em um mundo em rápida transformação, o trabalho em equipe é extremamente útil quase o tempo todo.

Em um ambiente de constante mudança, os indivíduos, mesmo que tenham um talento supremo, não terão tempo ou sabedoria suficiente para absorver rapidamente a mudança de concorrentes, clientes e informações tecnológicas. Eles não terão tempo suficiente para transmitir todas as decisões importantes para centenas ou milhares de outros. Eles raramente terão o carisma ou a habilidade para obterem sozinhos adeptos para as mudanças entre um grande número de pessoas.

Posso imaginar um dia não muito distante quando a sucessão no alto escalão das empresas poderá não mais ser um exercício de escolha de uma pessoa para substituir outra. A sucessão pode ser um processo de escolher pelo menos o núcleo de uma equipe. Com os elementos básicos de uma equipe sensata no lugar no primeiro dia, um novo executivo principal estaria em uma posição muito mais forte para estabelecer o tipo de coalizão necessária para lidar com a mudança. A estruturação de uma equipe que pode levar meses, ou anos, pode ser substituída por um processo bem menor.

Também posso imaginar o dia em que os grandes egos e cobras serão eliminados das listas de promoções, não importando o quanto sejam inteligentes, perspicazes, trabalhadores ou bem formados. Tais pessoas acabam com o trabalho de equipe. Eles criam problemas hoje, mas em um mundo futuro que muda mais rapidamente, as conseqüências de suas ações podem perfeitamente se tornar inaceitáveis.

Nenhuma dessas idéias – promover equipes em vez de indivíduos e eliminar os egos arrogantes e cobras – nunca será aceita sem uma controvérsia considerável. A sucessão como uma escolha de equipe é uma proposta radical, especialmente nos Estados Unidos, com sua tradição de *cowboy* solitário. Não promover pessoas perspicazes e talentosas é menos radical, mas as cobras e egos arrogantes não irão desistir sem luta. Imagine o diálogo:

– Isso é ridículo. Nick é brilhante e dinâmico. Que tipo de mensagem estaremos transmitindo aos jovens por aqui se não o promovermos?

– Estamos tentando transmitir uma mensagem de que se importar muito mais consigo mesmo do que com a empresa é inadmissível.

– Como você pode dizer que ele não se importa com a empresa? OK, ele é um pouco egocêntrico, mas a maioria das pessoas talentosas o é.

– Como é possível que tantas pessoas pareçam não gostar dele?

– Ciúme. Todos os grandes talentos sofrem...

Acho que posso argumentar que as decisões sucessórias serão mais simples com esse novo método porque não estaremos mais procurando o indivíduo que pode ser capaz de grandes façanhas sozinho. Também acredito que algumas tendências (como avaliações de desempenho de 360 graus) já estão tomando conta das cobras e egos arrogantes. Além disso, essas mudanças são controvertidas e não ocorrerão com facilidade.

Pessoas que Podem Criar e Comunicar a Visão

No século XX, o desenvolvimento de profissionais de negócios era feito nas salas de aula e no trabalho centralizado na administração – isto é, as pessoas eram ensinadas a planejar, fazer orçamentos, organizar, designar pessoal, controlar e resolver problemas. Somente na última década boa parte da atenção se transferiu para o desenvolvimento de líderes – pessoas que podem criar e transmitir visões e estratégias. Como a gerência trata principalmente do *status quo* e a liderança trata principalmente da mudança, no próximo século teremos de nos tornar muito mais capazes de criar líderes. Sem líderes suficientes, a visão, comunicação e o *empowerment* que representam o núcleo de uma transformação simplesmente não acontecerão de forma satisfatória ou rápida o bastante para atender nossas necessidades e expectativas.

Algumas pessoas acreditam que a tarefa de desenvolver muitos líderes é desanimadora. Você nasce com isso ou não, dizem, e a maioria das pessoas não nasce com essa capacidade. Mesmo que aceitássemos essa hipótese pessimista e disséssemos que apenas uma pessoa em cem tem bastante potencial de liderança, com uma população mundial de 5,7 bilhões, temos aproximadamente 60 milhões de pessoas com possibilidades de liderança. Sessenta milhões é um bocado de gente! Se pudermos ajudar a desenvolver esse potencial, teremos liderança o bastante para orientar as organizações em um século XXI de mudanças mais rápidas.

O desenvolvimento de um potencial de liderança não acontece em um curso de duas semanas ou mesmo em um programa universitário de quatro anos, embora ambos possam ajudar. As habilidades mais complexas surgem ao longo de décadas e esse é o motivo pelo qual estamos falando cada vez mais sobre o "aprendizado vitalício". Como passamos tanto de nosso tempo desperto trabalhando, boa parte de nosso desenvolvimento ocorre – ou não ocorre – no trabalho. Esse fato simples tem implicações enormes. Se nosso tempo no trabalho nos encoraja e ajuda a desenvolver capacidades de liderança, conseqüentemente descobriremos qualquer potencial que tivermos. De modo inverso, se o tempo no trabalho ajudar pouco ou nada no desenvolvimento de nossas capacidades, provavelmente nunca aproveitaremos nosso potencial.

Organizações muito controladoras freqüentemente destroem a liderança ao não permitir que as pessoas se desenvolvam, testem-se e cresçam. Em burocracias rígidas, homens e mulheres jovens com potencial normalmente presenciam poucos modelos de exemplo, não são encorajados a liderar e podem até ser punidos se saírem dos limites, desafiarem o *status quo* e assumirem riscos. Esses tipos de organizações tendem a rejeitar as pessoas com potencial de liderança ou ensiná-las apenas sobre administração burocrática.

As organizações bem-sucedidas do século XXI terão de se parecer mais com incubadoras de liderança. O desperdício de talentos se tornará cada vez mais caro em um mundo de rápidas transformações. Desenvolver essa liderança, por sua vez, demandará estruturas mais satisfatórias e enxutas associadas a culturas menos controladoras e que assumam mais riscos. As conseqüências negativas de colocar pessoas com potencial em pequenas caixas e subadministrá-las irão apenas aumentar. As pessoas precisam ser encorajadas a liderar, a princípio em pequena escala, tanto para ajudar a organização a se adaptar às circunstâncias de mudança quanto para ajudá-las a crescer. Dessa forma, através de milhares de horas de tentativa e erro, instrução e encorajamento, elas atingirão seu potencial.

Somente nos últimos dez anos, percorremos um longo caminho rumo à criação desse tipo de organização. Qualquer pessimista sobre a nossa capacidade de construir estruturas incubadoras de liderança deveria examinar atenciosamente o que já aconteceu. Mas ainda temos muito o que fazer. Empregos limitadamente definidos, culturas avessas ao risco e chefes subadministradores são a regra em muitos lugares – especialmente nas grandes empresas e em muitas organizações governamentais.

AMPLO *EMPOWERMENT*

Os corações e mentes de todos os membros da força de trabalho são necessários para lidar com as realidades que mudam rapidamente no ambiente empresarial. Sem um *empowerment* suficiente, as informações fundamentais sobre a qualidade permanecem não utilizadas nas mentes dos trabalhadores e a energia para implementar as mudanças continua inativa.

Muitos dos mesmos tipos de atributos organizacionais necessários para desenvolver a liderança também são necessários para investir os funcionários de *empowerment*. Esses fatores de facilidade incluiriam hierarquias mais simples, menos burocracia e uma maior disposição em assumir riscos. Além disso, o constante *empowerment* para um mundo em transformação contínua funciona melhor em organizações nas quais os gerentes seniores se concentram na liderança e delegam a maioria das responsabilidades administrativas aos níveis inferiores.

Até mesmo hoje, as empresas de melhor desempenho que conheço e que operam em ramos muito competitivos têm executivos que passam a maior parte de seu tempo liderando, e não administrando, e os funcionários são investidos com o *empowerment* de gerenciar seus grupos de trabalho. Não consigo conceber que a tendência nessa direção não irá continuar pelas próximas décadas, apesar de alguma resistência dos gerentes e funcionários que estão ligados ao modelo antigo.

Para os leitores que tiverem alguma dificuldade em imaginar esse grau de *empowerment* realmente emergindo no local de trabalho, sugiro que observem as organizações que hoje operam em um mar de condições mutantes: as empresas de alta tecnologia em geral e firmas de serviços profissionais que prosperam em ambientes intensamente competitivos. O que você encontrará são hierarquias surpreendentemente simples, pouca burocracia, uma propensão a assumir riscos, forças de trabalho que se auto-administram amplamente e pessoal do nível sênior que se concentra em proporcionar liderança para projetos de clientes, desenvolvimento tecnológico ou atendimento aos clientes. O modelo já foi testado. Com a liderança adequada no topo, funciona extremamente bem.

Delegar Responsabilidades Gerenciais para o Desempenho Excelente a Curto Prazo

Alguns profetas empresariais escrevem como se a administração que nós conhecemos vá desaparecer no século XXI. Todos que têm alguma importância se tornam visionários e inspirados. Essas pessoas inconvenientes que se preocupam se os estoques estão de acordo com o objetivo não serão mais necessárias.

Mas isso não é realista.

Mesmo em um mundo de rápidas mudanças, alguém tem de forçar o sistema atual a atingir as expectativas, ou os que estiverem no poder perderão o apoio de membros importantes. Batalhar por um futuro melhor é esplêndido, mas se as conquistas a curto prazo não demonstrarem que você está no caminho certo, raramente você terá a oportunidade de implementar completamente a sua visão.

Como o tipo de organização que estamos descrevendo aqui delega uma grande quantidade de autoridade para os níveis inferiores, a excelência na administração significa que os funcionários investidos de autoridade lidam bem com essa responsabilidade. Isso, por sua vez, significa que eles devem receber treinamento administrativo suficiente e devem ser apoiados com os sistemas adequados. Atualmente, mesmo quando você encontra funcionários investidos de autoridade administrativa, com freqüência eles não receberam formação suficiente ou outro tipo de assistência. Em vez disso, tanto o treinamento quanto os sistemas ainda são projetados para atender às necessidades de uma administração média inchada.

Mudar essa realidade é normalmente mais um desafio de atitude do que uma questão técnica ou econômica. "Não, este treinamento é para gerentes", alguém fala, querendo dizer que você tem de ter um certo status mínimo na hierarquia para merecer um aperfeiçoamento de formação. "Não podemos fornecer essas informações a todas essas pessoas", outra pessoa diz em resposta a uma proposta de mudança dos sistemas de controle. "Por que não?", você pergunta. Eles respondem:

1. "Por causa da segurança." A questão real é: segurança de quem? Se as informações sobre o desempenho ruim de algum departamento ou

produto forem amplamente conhecidas, isso prejudicará a empresa? Ou isso irá embaraçar alguns executivos e pressionar certas pessoas a fazer algo?

2. "Porque eles não saberão o que fazer com as informações." Eles saberão se tiverem sido bem treinados.

3. "Por causa das despesas." Lógica curiosa. Ao delegar responsabilidades gerenciais, estamos utilizando pessoas que normalmente ganham o equivalente a US$20.000 a US$50.000 por ano para fazer o trabalho que costumava ser realizado por pessoas ganhando de US$50.000 a US$200.000 por ano. As economias com a folha de pagamento sempre irão superar qualquer despesa com um sistema novo ou treinamento, a menos que você mantenha cargos administrativos intermediários desnecessários.

Uma organização que delegue mais poderes, o que significa uma hierarquia simples e enxuta, está numa posição bem superior para manobrar do que outra que tenha uma grande massa resistente às mudanças no meio. Esse fato isolado forçará as empresas a delegarem mais responsabilidades nas próximas décadas, apesar de todas as desculpas oferecidas como resposta, por considerarem uma má idéia.

Sem Interdependências Desnecessárias

Todas as organizações têm interconexões internas desnecessárias entre pessoas e grupos. A subsidiária alemã não pode concordar com nada sem checar com a corporação. O departamento de controle no escritório central manda pilhas de relatórios por semana para as fábricas, onde o papel é completamente ignorado. Por causa de um problema em 1965, foi criada uma rotina na qual os engenheiros fazem certas apresentações para o pessoal dos setores de marketing e de fabricação, reuniões que acontecem ainda hoje, apesar da existência da tecnologia da informação que pode transmitir os mesmos dados de forma mais rápida e fácil. Em algumas empresas, essa interdependência inútil é quase esmagadora, tornando as grandes mudanças uma questão desesperadamente complicada. Embora tais situações possam parecer tolas quando vistas de fora, por dentro elas podem ser aceitas, talvez com má vontade, sendo muito difíceis de alterar.

No século XXI, um ambiente empresarial inconstante obrigará mais organizações a coordenarem suas subunidades rapidamente e sem custos. As interdependências remanescentes de uma era anterior que não acrescentam nenhum valor serão menos toleráveis. Nesse sentido, a organização do século XXI possivelmente será bem mais enxuta do que a que nós normalmente vemos hoje. Menos teias de aranha estruturais e menos procedimentos antigos tornarão as coisas mais velozes.

Além disso, um processo de estruturação contínua certamente será encorajado em um ambiente de mudanças mais rápidas. Em vez de esperar que as interdependências atinjam níveis impossíveis de administrar, a organização eficiente do próximo século irá reexaminar os vínculos com mais regularidade e eliminar os que não forem mais relevantes.

Novamente, para os que não conseguem imaginar esse cenário, eu lhes asseguro que ele já está acontecendo hoje, embora não com freqüência. Diversas empresas que eu conheço que ainda são administradas por fundadores ou outros empresários estão quase obcecadas em manter as interdependências em um nível mínimo exigido pelo ambiente de mercado. Fazer isso bem não é fácil. Os vínculos dão poder a algumas pessoas que relutam então em desistir. Os vínculos se tornam hábitos. Decidir o que é um vínculo relevante e o que é uma antigüidade histórica pode ser difícil, especialmente na ausência de uma visão mais ampla e de uma estratégia orientando a organização. Entretanto, algumas pessoas atualmente são maravilhosamente bem-sucedidas aqui com uma atenção obsessiva a essa questão.

Uma Cultura Corporativa Adaptável

Em geral, todas as práticas que eu venho descrevendo aqui ajudarão uma organização a se adaptar a um ambiente em rápida mudança. Criar essas práticas para que elas sejam absorvidas é um exercício na criação de culturas corporativas adaptáveis.

No século XX, temos encontrado regras de grupo e valores compartilhados basicamente como barreiras para a mudança nas organizações. Eles não precisam ser assim. As culturas podem facilitar a adaptação se valorizarem bem o desempenho, no que se refere aos componentes de uma organização, se elas realmente apoiarem a administração e liderança competentes, se encorajarem o trabalho de equipe nos altos escalões e se demandarem um mínimo de camadas, burocracia e interdependências.

Criar tais culturas é um exercício na transformação: aumentar a taxa de urgência, criar a coalizão administrativa e assim por diante. Na maioria das indústrias de hoje, a pressão para modificar culturas não é intensa, por isso é fácil retardar o processo. "Deixe a próxima geração de executivos fazer isso." "As coisas não estão tão ruins; veja o lucro líquido do último trimestre."

Mantenha um fato em mente quando pensar nisso: pelo menos alguém em sua atividade não está pensando desse jeito.

As empresas verdadeiramente adaptáveis com culturas adaptáveis são máquinas competitivas impressionantes. Elas geram produtos soberbos e serviços mais rápidos e melhores. Elas superam a burocracia. Mesmo quando elas têm bem menos recursos e patentes ou fatias menores do mercado, concorrem e vencem cada vez mais.

As pessoas que têm sido enredadas em reestruturações marginalmente eficazes, programas de qualidade e processos semelhantes com freqüência se preocupam se essa organização adaptável, em constante transformação, será o inferno na Terra. Não é verdade. Pelo que eu vi até hoje, esse tipo de organização pode ser um local de trabalho muito mais agradável do que a regra atualmente. Lembre-se de que a mudança não acontece nesse tipo de empresa como um meio de satisfazer o ego de alguém ou como uma reação automática aos acontecimentos do passado. As mudanças ocorrem para ajudar a apresentar serviços e produtos cada vez melhores que satisfaçam as necessidades humanas reais com custos cada vez menores. Viver e vencer nesse ambiente pode ser divertido, porque você sente que está fazendo algo que vale a pena. O ritmo da mudança requer que você se acostume, especialmente se tiver passado boa parte de sua vida de trabalho dentro de burocracias antiquadas. Mas depois de um período de ajuste, a maioria das pessoas parece gostar da qualidade dinâmica do ambiente. E desafiador. Nunca é tedioso. Vencer é divertido. E para a maioria de nós, fazer uma contribuição real é um prazer para a alma.

Indo de um Lugar a Outro

Resumi a discussão deste capítulo na figura abaixo. Apenas uma olhada nessas informações mostra que estamos falando sobre uma grande quantidade de mudança muito fundamental. Tamanha mudança não virá rapidamente.

O maior e único argumento oferecido contra a necessidade de transformação é que as organizações podem ser bem-sucedidas com mudanças incrementais. Com uma melhoria de 2% aqui, uma redução de custos de 5% lá, você vence. A curto prazo, em certos ramos, isso pode ser verdade. Mas examine a figura. Quanto tempo você acha que vai levar para que haja a mudança gradual do modelo do século XX para o do século XXI?

E quais você acha que serão as conseqüências se você não for para o século XXI rapidamente?

SÉCULO XX	SÉCULO XXI
ESTRUTURA	ESTRUTURA
• Burocrática	• Não-burocrática, com menos regras e funcionários
• Multinivelada	• Limitada a poucos níveis
• Organizada com a expectativa de que a gerência sênior irá administrar	• Organizada com a expectativa de que a gerência irá liderar, os funcionários de nível inferior irão administrar
• Caracterizada por políticas e procedimentos que criam muitas interdependências internas complicadas	• Caracterizada por políticas e procedimentos que geram o mínimo de interdependência interna necessária para atender aos clientes

Figura 11.1
Comparação entre as Organizações dos Séculos XX e XXI (continua)

SÉCULO XX	SÉCULO XXI
SISTEMAS	SISTEMAS
• Dependem de alguns sistemas de informações de desempenho • Distribuem os dados de desempenho apenas aos executivos • Oferecem treinamento administrativo e sistemas de apoio apenas ao pessoal sênior	• Dependem de muitos sistemas de informações de desempenho, fornecendo os dados especialmente aos clientes • Distribuem amplamente os dados de desempenho • Oferecem treinamento administrativo e sistemas de apoio a muitas pessoas
CULTURA	CULTURA
• Internamente concentrada • Centralizada • Lenta na tomada de decisões • Política • Avessa aos riscos	• Externamente orientada • Investe os funcionários de *empowerment* • Rápida na tomada de decisões • Aberta e franca • Mais tolerante aos riscos

Figura 11.1
Comparação entre as Organizações dos Séculos XX e XXI

CAPÍTULO 12

Liderança e Aprendizado Vitalício

A resposta para criar e sustentar o tipo de empresa bem-sucedida no século XXI, descrita no Capítulo 11, é a liderança – não apenas na cúpula da hierarquia, com *L* maiúsculo, mas também em um sentido mais modesto (*l*), em toda a empresa. Isso significa que, ao longo das próximas décadas, veremos tanto uma nova forma de organização emergir para enfrentar ambientes mais competitivos e de rápida modificação, como também um novo tipo de funcionário, pelo menos nas empresas bem-sucedidas.

O funcionário do próximo século precisará conhecer mais sobre liderança e gerenciamento do que o funcionário do século XX. O gerente do século XXI precisará conhecer bastante sobre liderança. Com esses conhecimentos, o tipo de "organização que aprende" (*learning organization*) discutido no Capítulo 11 pode ser construído e mantido. Sem esses conhecimentos, as empresas adaptáveis e dinâmicas não são viáveis.

Para aqueles que aprenderam noções tradicionais de liderança, essa idéia não faz nenhum sentido. No modelo histórico mais conhecido, a liderança é um território de poucos eleitos. Dentro dessa estrutura, o conceito de um grande número de pessoas auxiliando na obtenção da liderança necessária para orientar o processo de mudança em oito etapas é tolamente arriscado. Mesmo que você pense rejeitar o modelo antigo, se tiver vivido no planeta Terra durante o século XX, essa noção extremamente elitista provavelmente estará registrada em alguma parte da sua mente e poderá afetar as suas ações de forma subliminar.

O único e maior erro do modelo tradicional está relacionado às suposições sobre a origem da liderança. De forma simplista, o conceito historicamente dominante eleva as aptidões de liderança a um dom divino, dádiva concedida a um seleto número de pessoas. Embora, um dia, eu também tivesse acreditado nisso, descobri que a idéia tradicional simplesmente não se adequava bem ao que observei em quase trinta anos de estudo sobre organizações e pessoas que as dirigiam. Particularmente, o modelo mais antigo está quase esquecido em relação à força e potencial do aprendizado vitalício.

PROTÓTIPO DO EXECUTIVO DO SÉCULO XXI

Conheci Manny em 1986. Naquela época, ele era um gerente de quarenta anos alerta, cordial e ambicioso. Ele já tinha obtido bons resultados em sua carreira, mas nada a respeito dele parecia excepcional. Ninguém em sua empresa, pelo menos até onde eu sabia, o chamava de "líder". Achei-o um pouco cauteloso e um tanto político, características de várias pessoas educadas na burocracia do século XX. Eu esperaria que ele permanecesse em um cargo sênior por algumas décadas e desse uma útil contribuição à sua empresa, no entanto, longe de ser proeminente.

Voltei a encontrá-lo em 1995. Em apenas uma breve conversa, pude perceber uma profundidade e sofisticação que antes não eram aparentes. Conversando com outras pessoas de sua empresa, várias e várias vezes ouvi a mesma opinião. "Não é espantoso como Manny evoluiu?", diziam. "Sim", concordei, "é espantoso."

Hoje, Manny dirige uma atividade que gerará cerca de US$600 milhões de lucro, descontados os impostos. Essa atividade está se globalizando rapidamente com todos os riscos e oportunidades inerentes. Enquanto escrevo isso, ele está liderando esse grupo em uma importante transformação projetada para proporcionar à empresa um futuro promissor. Tudo isso vindo de um homem que não parecia um líder, muito menos um grande líder, com quarenta anos.

Há algumas pessoas como Manny. Em vez de desacelerarem e chegarem ao ponto máximo das carreiras aos trinta e cinco ou quarenta e cinco anos, elas continuam a evoluir com uma rapidez que normalmente atribuímos apenas às crianças e jovens. Essas exceções à norma nos ajudam a perceber que não há nenhum impedimento genético para que haja uma evolução tardia. A biografia do industrial japonês Konosuke Matsushita, que estou concluindo agora, um dos líderes empresariais mais notáveis deste século, mostra essa tendência de forma extrema. As descrições da juventude de Matsushita nos mostram um jovem trabalhador, mas frágil. Em parte alguma há termos como *brilhante, dinâmico, visionário ou carismático*, usados para descrevê-lo neste momento, e muito menos, *líder.* Contudo, ele evoluiu para se transformar em um empresário aos vinte anos, um líder empresarial aos trinta e quarenta, e um empreendedor de transformações organizacionais em nível de confederação aos cinqüenta. Como resultado, ele ajudou a sua empresa a reagir após os horrores da Segunda Guerra Mundial, absorver novas tecnologias, expandir-se globalmente e renovar-se mais e mais, de modo a prosperar além das expectativas de qualquer um. Em seguida, iniciou uma carreira bem-sucedida de escritor aos sessenta, filantropo aos setenta e educador aos oitenta.

No século XXI, acredito que veremos mais líderes notáveis como esse, que desenvolvem suas aptidões através de um aprendizado vitalício, pois esse padrão de evolução está sendo cada vez mais recompensado por um ambiente de rápidas mudanças. Em um mundo estático, podemos aprender praticamente tudo de que precisamos na vida aos quinze anos, e poucos de nós são escolhidos para ter liderança. Em um mundo em constante mudança, nunca podemos aprender tudo, mesmo que continuemos a evoluir aos noventa anos, e o desenvolvimento das aptidões de liderança torna-se importante para um número cada vez maior de pessoas.

À medida que a taxa de mudança aumenta, a força de vontade e a capacidade de manter a evolução tornam-se vitais para o sucesso na carreira individual e para o sucesso econômico das empresas. Pessoas como Manny ou Matsushita freqüentemente não iniciam suas carreiras com o maior patrimônio ou inteligência, mas são vitoriosos porque superam seus concorrentes. Eles desenvolvem a capacidade de controlar um ambiente empresarial complexo e mutável. Eles evoluem e tornam-se extraordinariamente competentes na promoção da transformação organizacional. Eles aprendem a ser líderes.

O Valor da Capacidade Competitiva

A importância do aprendizado vitalício em um ambiente empresarial em crescente mudança e sua relação com a liderança foram demonstradas de forma bastante surpreendente em um estudo de vinte anos de 115 alunos da Harvard Business School, turma de 1974. Na tentativa de explicar por que a maioria estava sendo bem-sucedida em suas carreiras, apesar das condições econômicas desafiadoras que se delineavam na época em que estavam se formando, percebi que dois elementos distinguiam-se: a força competitiva e o aprendizado vitalício. Esses fatores pareciam dar às pessoas uma vantagem, por criar uma extraordinariamente forte capacidade competitiva (ver Figura 12.1). A força competitiva ajudou a criar o aprendizado vitalício, que manteve níveis crescentes de aptidões e conhecimentos, especialmente as aptidões de liderança, que, por sua vez, produziram a capacidade prodigiosa de lidar com uma economia global cada vez mais complexa e de rápidas mudanças. A exemplo de Manny, as pessoas com altos padrões e uma extraordinária força de vontade para aprender, tornaram-se proporcionalmente mais fortes e líderes mais capazes aos cinqüenta anos do que tinham sido aos quarenta.

Marcel DePaul era um típico integrante desse grupo. Ele cresceu em uma família de classe média e freqüentou uma boa universidade de Michigan, embora sem muita projeção. Foi admitido no programa de Administração de Empresas, mais pelo impressionante currículo dentro e fora da escola, do que por testes. Aos trinta e cinco anos, ele estava se saindo bem na carreira, mas não se previam grandes realizações. Como funcionário graduado de uma grande fábrica sediada na Europa, ele tinha uma boa reputação, embora de pouca projeção. Quando o

FONTE: *The New Rules: How to Succeed in Today's Post-Corporate World*, de John P. Kotter. Copyright © 1995, por John P. Kotter. Adaptado com permissão da The Free Press, uma Divisão de Simon & Schuster.

Figura 12.1

A Relação entre o Aprendizado Vitalício, as Aptidões de Liderança e Ser Bem-sucedido no Futuro entrevistei em 1982, a palavra *líder* nunca me ocorreu. Doze anos depois, a história tinha se modificado enormemente.

Em 1994, Marcel era o diretor de sua própria empresa, tinha centenas de funcionários e era muito rico. Tinha criado um produto e um mercado, e construiu uma organização para capitalizar ambos. No mundo dos negócios, ele era conhecido como um "visionário". Uma pessoa com quem conversei falou várias vezes sobre o "carisma" de Marcel. Tudo isso a respeito de alguém que não tinha me impressionado muito em 1982.

Na tentativa de explicar o sucesso de Marcel, acredito que todos nós estamos inclinados a procurar períodos de sorte, e isso certamente pode ser encontrado no caso dele. Mas também se pode observar um ambiente empresarial complicado, que oferecia bastante adversidade e problemas. O impressionante da história de Marcel é que os períodos difíceis não o abateram, servindo, em vez disso, como fonte de aprendizado e crescimento.

Quando atingido por uma redução desfavorável nos negócios da empresa, ele poderia se tornar irritado ou sombrio, mas nunca desistiria nem permitiria que uma atitude defensiva o paralisasse. Ele refletia sobre os períodos bons e ruins, tentando tirar uma lição de ambos. Comparando os seus erros, ele minimizava as atitudes arrogantes que sempre acompanham o sucesso. Com uma visão relativamente modesta de si mesmo, ele observava mais de perto e ouvia com mais atenção do que a maioria das outras pessoas. À medida que aprendia, ele inexoravelmente testava as novas idéias, mesmo que isso significasse tirá-lo de uma posição confortável e forçá-lo a assumir alguns riscos pessoais.

Ouvir com a mente aberta, tentar novas idéias, refletir honestamente sobre os sucessos e falhas – nada disso requer um QI alto, um diploma de Administração de Empresas ou uma experiência privilegiada. No entanto, pouquíssimas pessoas se comportam dessa forma hoje em dia, especialmente após os trinta e cinco anos e especialmente quando já são bem-sucedidas em suas carreiras. Mas usando essas técnicas relativamente simples, Marcel, Manny, Matsushita e pessoas como eles continuam evoluindo, ao passo que outras estacionam ou declinam. Como resultado, os que evoluem tornam-se cada vez mais à vontade com a mudança, concretizam qualquer potencial de liderança que possuem e ajudam suas empresas a se adaptarem a uma economia global que muda rapidamente.

A Força do Crescimento Combinado

Se você estudar os Marcels, Mannys e Matsushitas do mundo, perceberá que o segredo da capacidade dessas pessoas de desenvolver liderança e outras aptidões está estreitamente relacionado à força do crescimento composto.

Considere este exemplo simples: entre os trinta e cinqüenta anos, Fran "cresce" à taxa de 6% – ou seja, a cada ano ela expande suas aptidões e conhecimentos importantes para a carreira em 6%. Sua irmã gêmea, Janice, tem exatamente a mesma inteligência, aptidões e informações aos trinta anos, mas durante os vinte anos seguintes, ela cresce a uma taxa de apenas 1% ao ano. Talvez Janice torne-se presunçosa e complacente após obter sucesso prematuro. Ou talvez Fran tenha alguma experiência que a encoraje. A pergunta aqui é: que conseqüências trará essa diferença relativamente pequena de aprendizados aos cinqüenta anos?

Dados os fatos sobre Fran e Janice, é claro que a primeira será capaz de realizar mais aos cinqüenta anos do que a última. Mas a maioria de nós subestima o quanto Fran poderá se tornar mais capaz. A confusão cerca o efeito da composição. Assim como nós normalmente não percebemos a diferença ao longo de vinte anos entre uma conta bancária ganhando 7% e outra ganhando 4%, também subestimamos o efeito dos diferenciais de aprendizado.

Para Fran e Janice, a diferença entre taxas de crescimento de 6 e 1% em vinte anos é enorme. Se cada uma tiver cem unidades de capacidade relacionada à carreira aos trinta anos, vinte anos depois, Janice terá 122 unidades, enquanto Fran terá 321. Em posições iguais aos trinta, as duas estarão em classes diferentes aos cinqüenta.

Se o mundo do século XXI fosse estável, regulado e próspero, como as décadas de 50 e 60 nos Estados Unidos, as taxas de crescimento diferencial seriam de relevância apenas modesta. Nesse mundo, embora Fran fosse considerada mais capacitada do que sua irmã, ambas se sairiam bem. Estabilidade, regulamentação e prosperidade reduziriam a competição e a necessidade de crescimento, as aptidões de liderança e transformação. Mas não é o que o futuro reserva.

Assim como as organizações estarão sendo forçadas a aprender, a mudar e se reinventar constantemente no século XXI, assim ocorrerá com um número cada vez maior de indivíduos. O aprendizado vitalício e as aptidões de liderança que podem ser desenvolvidas através dele foram importantes apenas para uma pequena porcentagem da população, até recentemente. Essa porcentagem crescerá, sem dúvida, ao longo das próximas décadas.

Hábitos do Aprendizado Vitalício

Então, como agem as Frans e os Mannys? Nada complicado como a ciência aeroespacial. Os hábitos que desenvolvem são relativamente simples (ver Figura 12.2).

Os que adquirem um aprendizado vitalício assumem riscos. Muito mais do que outras pessoas, esses homens e mulheres saem de suas posições confortáveis e experimentam novas idéias. Enquanto a maioria de nós permanece estacionado, eles continuam tentando novas experiências.

Assumir riscos produz inevitavelmente tanto sucessos maiores quanto falhas maiores. Muito mais do que a maioria de nós, os que adquirem um aprendizado vitalício refletem humilde e honestamente sobre suas experiências para se educarem. Não varrem as falhas para debaixo do tapete ou as examinam de uma posição defensiva, o que mina sua capacidade de tirar conclusões mais racionais.

As pessoas que adquirem um aprendizado vitalício solicitam ativamente opiniões e idéias de outras pessoas. Não presumem saber tudo ou que os outros têm pouco a contribuir. Justamente ao contrário, elas acreditam que, com a abordagem certa, podem aprender com qualquer um em quase qualquer circunstância.

Muito mais do que o indivíduo médio, os que adquirem um aprendizado vitalício também sabem ouvir atentamente, e o fazem com a mente aberta. Não presumem que ouvir produzirá grandes idéias ou informações importantes com muita freqüência. Pelo contrário. Mas

- **Assumir riscos:** Força de vontade para sair de posições confortáveis.
- **Auto-reflexão humilde:** Constatação honesta dos sucessos e falhas, especialmente das últimas.
- **Solicitação de opiniões:** Coleta ativa de informações e idéias de outras pessoas.
- **Ouvir cuidadosamente:** Propensão a ouvir as outras pessoas.
- **Abertura a novas idéias:** Força de vontade para ver a vida com a mente aberta.

Figura 12.2
Hábitos Mentais que Sustentam o Aprendizado Vitalício

elas sabem que ouvir atentamente as ajudará a produzir o *feedback* exato sobre o efeito de suas ações. E sem um *feedback* honesto, o aprendizado torna-se quase impossível.

P: Mas esses hábitos são tão simples. Por que não há mais pessoas como nós desenvolvendo-os?
R: Porque a curto prazo é mais penoso.

Assumir riscos traz tanto falhas como sucessos. Refletir honestamente, ouvir, solicitar opiniões e estar aberto a elas trazem más notícias e *feedback* negativo assim como idéias interessantes. A curto prazo, geralmente a vida é mais agradável sem falhas e um *feedback* negativo.

As pessoas que adquirem um aprendizado vitalício superam uma tendência humana natural de se intimidar ou de abandonar hábitos que produzem resultados penosos a curto prazo. Sobrevivendo a experiências difíceis, elas adquirem uma certa imunidade às adversidades. Com clareza de pensamentos, elas chegam a perceber a importância tanto desses hábitos quanto do aprendizado vitalício. No entanto, mais do que tudo, suas metas e aspirações facilitam o desenvolvimento da humildade, da abertura, da vontade de assumir riscos e da capacidade de ouvir.

As pessoas que melhor conseguem adquirir um aprendizado vitalício e os melhores líderes que conheci parecem ter altos padrões, metas ambiciosas e um senso real de missão em suas vidas. Tais metas e aspirações encorajam-nas, ajudam-nas a enxergar suas realizações sob uma perspectiva humilde e a tolerar as dificuldades surgidas a curto prazo associadas ao crescimento. Algumas vezes, esse senso de missão é desenvolvido na juventude, ou na idade adulta, ou freqüentemente durante as duas. Qualquer que seja o caso, suas aspirações as ajudam a evitar que se acomodem a uma rotina confortável, segura, caracterizada por uma atitude pouco sensata de não assumir riscos, uma mente relativamente fechada, um mínimo de esforço e pouca disposição para ouvir.

Assim como uma visão desafiadora pode ajudar uma organização a se adaptar a condições mutáveis, nada parece sustentar mais os hábitos que promovem o crescimento pessoal do que metas ambiciosas e humanistas.

Carreiras do Século XXI

O ambiente econômico mais inconstante, associado à necessidade de mais liderança e aprendizado vitalício, também está produzindo carreiras que parecem bastante diferentes daquelas típicas do século XX.

Nos últimos cem anos, a maioria dos profissionais bem-sucedidos encontrou ainda cedo empresas conceituadas para trabalhar e assim ascenderam em estreitas hierarquias funcionais, enquanto aprendiam a arte da administração. A maioria dos operários bem-sucedidos encontrou empresas com bons sindicatos, aprendeu como realizar determinado serviço e assim permaneceu naquela posição por décadas. No século XXI, nenhum desses caminhos de carreira proporcionará uma boa vida às pessoas, pois nenhum encoraja um aprendizado vitalício suficiente, especialmente quanto às aptidões de liderança.

O problema do operário é mais óbvio. As regras dos sindicatos sempre desencorajaram o crescimento pessoal. As restritas classificações de cargos, por exemplo, não foram criadas para reduzir o aprendizado, mas isso tem sido uma das conseqüências. Em um ambiente estável, poderíamos viver com esses tipos diferentes de regras. Em um mercado globalizado que muda rapidamente, provavelmente não poderíamos.

O antigo caminho de carreira dos profissionais ajudou no aprendizado das pessoas, mas apenas em setores funcionais restritos. Era necessário absorver mais e mais conhecimentos sobre contabilidade (ou engenharia ou marketing), porém pouco sobre outras áreas. Para progredir a um certo nível, era necessário aprender sobre gerenciamento, mas não muito sobre liderança.

As carreiras bem-sucedidas do século XXI serão mais dinâmicas. Já estamos observando uma ascensão menos linear em uma única hierarquia. Já estamos observando menos pessoas realizarem um serviço da mesma forma durante longos períodos de tempo. A incerteza e a volatilidade maiores tendem a ser desconfortáveis para as pessoas, à primeira vista. Mas a maioria de nós parece acostumada a elas. E os benefícios certamente podem ser significativos.

As pessoas que aprendem a dominar caminhos de carreira mais inconstantes normalmente também se tornam mais à vontade com a mudança e, assim, mais aptas a exercerem funções mais úteis em transformações organizacionais. Elas desenvolvem mais facilmente qualquer potencial de liderança que possam ter. Com mais liderança, estão em uma posição melhor para auxiliar seus funcionários a avançar o processo de transformação, de modo a melhorar de forma significativa os resultados, enquanto minimizam os efeitos penosos da mudança.

O Salto Necessário para o Futuro

Por várias razões, muitas pessoas ainda estão adotando o modelo de carreira e de crescimento do século XX. Algumas vezes, a complacência é o problema. Elas foram bem-sucedidas, por que mudar? Algumas vezes, não têm uma visão clara do século XXI e por isso não sabem como deveriam mudar. Mas, freqüentemente, o medo é uma questão-chave. Elas parecem ver seus trabalhos desaparecer à sua volta. Ouvem histórias de horror sobre pessoas que passaram por *downsizing* ou por uma reengenharia, perdendo seus cargos. Preocupam-se com o seguro-saúde e com o preço da universidade dos filhos. Assim, não pensam sobre o crescimento. Não pensam sobre a renovação pessoal. Não pensam em desenvolver qualquer potencial de liderança que possuam. Em vez disso, apegam-se defensivamente ao que têm no momento. Praticamente, abraçam o passado, não o futuro.

A estratégia de abraçar o passado provavelmente se tornará cada vez mais ineficaz nas próximas décadas. É melhor para a maioria de nós começar a aprender agora como lidar com a mudança, desenvolver qualquer potencial de liderança que tivermos e ajudar nossas organizações no processo de transformação. É melhor para a maioria de nós, a despeito dos riscos, dar um salto para o futuro. E fazê-lo mais cedo do que tarde.

Como um observador da vida das organizações, acredito que posso dizer com alguma autoridade que as pessoas que se esforçam para abraçar o futuro são bem mais felizes do aquelas que se agarram ao passado. Isso não significa dizer que se tornar parte da empresa do século XXI seja fácil. Mas as pessoas que estão tentando crescer, tornar-se mais à vontade com a mudança, desenvolver aptidões de liderança – esses homens e mulheres tipicamente são impulsionados por um senso de estarem agindo corretamente em relação a si mesmos, às suas famílias e às suas organizações. Esse senso de propósito os encoraja e os inspira durante períodos difíceis.

E aquelas pessoas da cúpula das empresas de hoje, que encorajam os outros a dar um salto para o futuro, que os ajuda a superar os temores naturais e que assim expandem a capacidade de liderança em suas organizações – essas pessoas prestam um serviço profundamente importante a toda a comunidade.

Precisamos de mais pessoas assim. E vamos consegui-las.

CONHEÇA TAMBÉM DA EDITORA CAMPUS:

A SEGUNDA CURVA
Estratégias Radicais para Enfrentar Mudanças Aceleradas
Morrison, I.

MEGATENDÊNCIAS — ÁSIA
Oito Megatendências Asiáticas que Estão Transformando o Mundo
Naisbitt, J.

QUANDO OS GIGANTES APRENDEM A DANÇAR
Dominando os Desafios de Estratégia, Gestão e Carreiras nos Anos 90
Kanter, R.M.

CLASSE MUNDIAL
Uma Agenda para Gerenciar os Desafios Globais em Benefício das Empresas e das Comunidades
Kanter, R.M.

OS VERDADEIROS LÍDERES DA MUDANÇA
Real Change Leaders
Como Promover o Crescimento e o Alto Desempenho na Sua Empresa
Katzenbach, Jon R.

AVANÇO RÁPIDO
As Melhores Idéias sobre o Gerenciamento
de Mudanças nos Negócios
Harvard Business Review Book
Champy, J./Nohria, N.

A ESTRATÉGIA DA LEALDADE
A Força Invisível que Mantém Clientes e Funcionários e Sustenta Crescimento, Lucros e Valor
Reichheld F.F.

A SOCIEDADE JUSTA
Uma Perspectiva Humana
Galbraith J.K.

HIPERCOMPETIÇÃO
Estratégias para Dominar a Dinâmica do Mercado
D'Aveni, R.A.

FUNDAMENTOS DO SUCESSO EMPRESARIAL
Como as Estratégias de Negócios Agregam Valor
Kay, J.

COMPETINDO PELO FUTURO
Estratégias Inovadoras para Obter o Controle do Seu Setor e Criar os Mercados de Amanhã
Prahalad, C.K./Hamel, G.

MANAGEMENT 2000
Administrando Sua Empresa Hoje para Vencer Amanhã (Visão 2020)
Davis, S./Davidson, B.

ASSUMINDO A RESPONSABILIDADE
Redescobrindo a Essência da Administração
Eccles, R./Nohria, N./Berkley, J.D.

PARADOXO GLOBAL
Quanto Maior a Economia Mundial, Mais Poderosos São Seus Protagonistas Menores: Nações, Empresas e Indivíduos.
Naisbitt, J.

A VANTAGEM COMPETITIVA DA NAÇÕES
Porter, M.

ESTRATÉGIA COMPETITIVA
Técnicas para Análise das Indústrias e da Concorrência
Porter, M.

VANTAGEM COMPETITIVA
Criando e Sustentando o Desempenho Superior.
Porter, M.

COMPETINDO CONTRA O TEMPO
Competing Against Time
Stalk JR,G./Hout, T.

VISÃO EMPRESARIAL NA PRÁTICA
KepnerTregoe Inc./Tregoe et al.

GRÁFICA PAYM
Tel. (011) 4392-3344
paym@terra.com.br

DO MESMO AUTOR

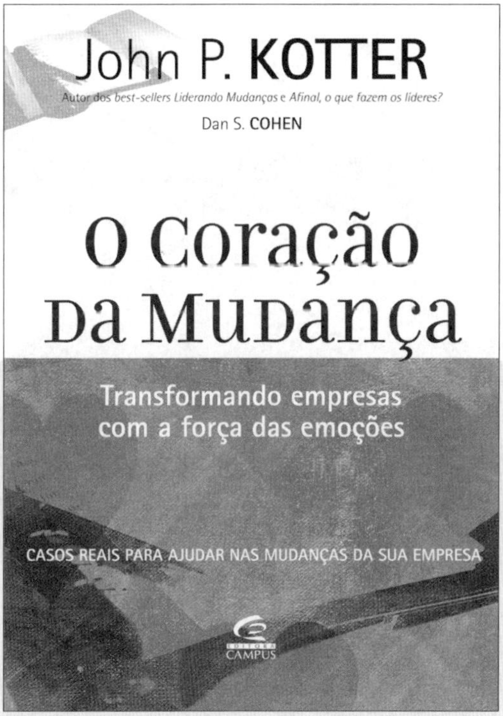

O CORAÇÃO DA MUDANÇA
208p.
ISBN 85-352-1604-4

AFINAL, O QUE FAZEM OS LÍDERES?
168p.
ISBN 85-700-0540-3

Outras maneiras fáceis de receber informações sobre nossos lançamentos e ficar atualizado.

- ligue grátis: **0800-265340** (2ª a 6ª feira, das 8:00 h às 18:30 h)
- preencha o cupom e envie pelos correios (o selo será pago pela editora)
- ou mande um e-mail para: **info@elsevier.com.br**

ELSEVIER — EDITORA CAMPUS — NEGÓCIO EDITORA — Alegro

Nome: ______________________________

Escolaridade: ____________ ❑ Masc ❑ Fem Nasc __/__/__

Endereço residencial: ______________________________

Bairro: __________ Cidade: __________ Estado: __________

CEP: __________ Tel.: __________ Fax: __________

Empresa: ______________________________

CPF/CNPJ: __________ e-mail: __________

Costuma comprar livros através de: ❑ Livrarias ❑ Feiras e eventos ❑ Mala direta ❑ Internet

Sua área de interesse é:

❑ **UNIVERSITÁRIOS**
- ❑ Administração
- ❑ Computação
- ❑ Economia
- ❑ Comunicação
- ❑ Engenharia
- ❑ Estatística
- ❑ Física
- ❑ Turismo
- ❑ Psicologia

❑ **EDUCAÇÃO/ REFERÊNCIA**
- ❑ Idiomas
- ❑ Dicionários
- ❑ Gramáticas
- ❑ Soc. e Política
- ❑ Div. Científica

❑ **PROFISSIONAL**
- ❑ Tecnologia
- ❑ Negócios

❑ **DESENVOLVIMENTO PESSOAL**
- ❑ Educação Familiar
- ❑ Finanças Pessoais
- ❑ Qualidade de Vida
- ❑ Comportamento
- ❑ Motivação

Cartão Resposta
050120048-7/2003-DR/RJ
Elsevier Editora Ltda
CORREIOS

ELSEVIER — EDITORA CAMPUS — NEGÓCIO EDITORA — Alegro

CARTÃO RESPOSTA
Não é necessário selar

O SELO SERÁ PAGO POR
Elsevier Editora Ltda

20299-999 - Rio de Janeiro - RJ